财政部规划教材
全国高等院校财经类专业规划教材

金融大数据思维与典型应用

褚　燕　编著

中国财经出版传媒集团
中国财政经济出版社

图书在版编目（CIP）数据

金融大数据思维与典型应用／褚燕编著．--北京：中国财政经济出版社，2020.11

财政部规划教材　全国高等院校财经类专业规划教材

ISBN 978－7－5223－0110－5

Ⅰ.①金…　Ⅱ.①褚…　Ⅲ.①金融－数据处理－高等学校－教材　Ⅳ.①F830.41

中国版本图书馆 CIP 数据核字（2020）第 191120 号

责任编辑：马　真　　　　责任校对：张　凡

封面设计：育林华夏　　　　责任印制：党　辉

金融大数据思维与典型应用

JINRONG DASHUJU SIWEI YU DIANXING YINGYONG

中国财政经济出版社 出版

URL：http：//www.cfeph.cn

E－mail：cfeph@cfeph.cn

社址：北京市海淀区阜成路甲 28 号　邮政编码：100142

营销中心电话：010－88191522

天猫网店：中国财政经济出版社旗舰店

网址：https：//zgczjjcbs.tmall.com

北京密兴印刷有限公司印刷　各地新华书店经销

成品尺寸：185mm×260mm　16 开　12.25 印张　236 000 字

2020 年 11 月第 1 版　2020 年 11 月北京第 1 次印刷

定价：54.00 元

ISBN 978－7－5223－0110－5

（图书出现印装问题，本社负责调换，电话：010－88190548）

本社质量投诉电话：010－88190744

打击盗版举报热线：010－88191661　QQ：2242791300

前言 Preface

“大物云移”时代，即大数据、物联网、云计算和移动互联网时代的到来给整个学界与业界带来了巨大的机遇和挑战。随着人工智能、云计算、大数据及移动互联网技术的不断更新与加强，促进了这些技术在金融领域应用的不断扩大，而这些新技术与金融业务深度融合，释放出了金融创新活力和应用潜能，这大大推动了中国金融业转型升级，助力金融更好地服务实体经济，有效促进了金融业整体发展。当下，在这一发展过程中，以大数据技术发展最为成熟、应用最为广泛。金融数据与其他跨领域数据的融合应用不断强化，人工智能正在成为金融大数据应用的新方向，金融行业数据的整合、共享和开放正在成为趋势，给金融行业带来了新的发展机遇和巨大的发展动力。理解大数据概念、具备大数据思维、拓展大数据在金融领域的创新应用认知水平和分析能力，是大数据时代对金融人才的新要求。

在此背景下，本书从金融大数据的基本概念出发，阐述了大数据创新思维，提出了伞型大数据创新思维方法体系，紧紧把握金融大数据应用最新动向，详细介绍了金融大数据在各个金融行业的各类创新应用，并利用数据管理能力成熟度评估方法对各类金融大数据应用的未来创新方向进行了分析和展望。

本书共12章内容。各章主要内容如下：

第一章是金融大数据概述。主要介绍了大数据产生的背景及特征，从现代金融的大数据特征界定了金融大数据的内涵，并探讨了金融大数据的发展趋势。

第二章是伞型大数据创新思维方法。主要阐述了伞型大数据创新思维方法体系构成和逻辑关系，并主要介绍了项目数据思维方法 CRISP－DM 模型和个人如何应用结构化思维方法开展问题界定和分析。

第三章是面向企业的数据管理能力评估方法。企业数据管理能力体现了企业在数字化转型下的竞争能力，本章主要介绍了中国的数据管理能力成熟度评估模型（DCMM）体系，对国外的主流数据管理能力成熟度模型进行了说明和对比分析。

第四章是大数据在银行业的创新应用。介绍了大数据在银行业的应用情况和发展趋势，对大数据在银行业的典型应用如数字化转型、信贷风险管理、客户营销和普惠金融等创新应用特点和发展趋势通过多个银行案例进行阐述和说明。

第五章是大数据在证券业的创新应用。介绍了大数据在证券业的应用情况和发展趋势，对大数据在证券业的典型应用如业务模式数字化转型、智能投顾等创新应用特点和发展趋势通过多个案例进行阐述和说明。

第六章是大数据在保险业的创新应用。介绍了大数据在保险业的应用情况和发展趋势，对大数据在保险业的典型应用如保险业务数字化创新、风险管理等创新应用特点和发展趋势通过多个案例进行阐述和说明。

第七章是大数据在信托业的创新应用。介绍了大数据在信托业的应用情况和发展趋势，对大数据在信托业的典型应用如数字化转型、客户营销等创新应用特点和发展趋势通过多个案例进行阐述和说明。

第八章是大数据金融征信管理与风险管理创新应用。介绍了大数据金融征信与风险管理的应用情况和发展趋势，对大数据在金融征信和金融风险管理领域的创新应用特点和发展趋势通过多个案例进行阐述和说明。

第九章是互联网金融大数据应用。介绍了大数据在互联网金融领域的应用情况和发展趋势，互联网金融企业在大数据征信服务、第三方支付和金融科技服务等领域的创新应用特点和发展趋势通过多个案例进行阐述和说明。

第十章是供应链金融大数据应用。介绍了大数据在供应链金融领域的应用情况和发展趋势，对大数据在不同行业供应链金融的创新应用特点和发展趋势通过多个案例进行阐述和说明。

第十一章是大数据金融监管创新应用。介绍了大数据在金融监管中的应用情况和发展趋势，对大数据在互联网金融企业、证券交易和央行的典型应用如反洗钱、风险监测等创新应用特点和发展趋势通过多个案例进行阐述和说明。

第十二章是大数据在其他金融机构的创新应用。介绍了大数据在新兴金融机构的应用情况和发展趋势，如互联网信贷、互联网理财和大数据交易等创新应用特点和发展趋势通过多个案例进行阐述和说明。

本书在编写过程中参阅了大量的文献资料，在书后参考文献中均有列出，如有遗漏，敬请海涵，在此向这些文献资料的作者表示衷心的感谢。尽管想努力为读者呈现一本满意的金融大数据书籍，由于编者水平有限，再加上编写时间仓促，书中难免存在疏漏和不足之处，恳请读者批评指正，以便今后进一步修改和完善。

作　者

2020 年 9 月

目录 Contents

第一章　金融大数据概述

【本章重要知识点】

1. 大数据是对数量巨大、来源分散、格式多样的数据进行采集、存储和关联分析，从中发现新知识、创造新价值、提升创新能力的新一代信息技术和服务业态，大数据具有容量巨大（Volume）、种类复杂（Variety）、处理速度快（Velocity）和价值密度低（Value）的主要特点。

2. 当前主要的大数据分析方法有可视化分析、数据挖掘算法、大数据预测分析等，大数据分析过程中还要重视数据管理和数据安全问题。

3. 大数据的获取途径主要有自有数据积淀、公开数据采集、行业数据共享和专业化数据采购等。从不同来源处取得的大数据，也具有各自的优缺点。

4. 金融大数据按照具体行业应用的不同，可以划分为银行大数据、证券大数据和保险大数据等。

5. 国内外金融大数据的主要应用场景和金融大数据市场规模发展变化。

第一节

大数据概念与特征

一、大数据的概念

大数据融合了信息技术与经济社会，在当今社会发展中有着重要地位，为世界各国所重视。各个国家为了抓住大数据发展的机遇，出台了一系列政策文件，加快大数据战略的实施。

从国外来看，美国、英国、澳大利亚、日本等发达国家较早开始布局大数据发展，目前位于世界前列。美国是全球首个将大数据从商业行为上升到国家意志和国家战略的国家，于2012年启动“大数据研究和发展计划”，旨在加强政府和学术界的大数据应用能力。英国政府在2012年发布了政府数字化战略，成立数据战略委员会，提供技术和资金支持，实现大数据驱动的社会经济增长。2012年，欧盟委员会在“欧洲数字议程以及2012挑战”计划中详细介绍了大数据战略，并明确该战略是欧盟数字化议程的一部分。日本于2012年7月发布“活跃ICT日本”新综合战略，侧重于以技术革新发展大数据战略。澳大利亚于2013年8月发布了《公共服务大数据战略》，提出了大数据战略的6条原则。

从国内来看，中国的大数据发展紧跟国际趋势，在世界舞台上占有一席之地。中国也越来越重视大数据的发展，部署了一系列大数据治理文件和方针。国务院在2015年出台的《促进大数据发展行动纲要》中肯定了大数据的应用价值，将大数据定义为对数量巨大、来源分散、格式多样的数据进行采集、存储和关联分析，从中发现新知识、创造新价值、提升创新能力的新一代信息技术和服务业态，提出了大数据治理的模式、机制、体系和生态。2016年《中华人民共和国国民经济和社会发展第十三个五年规划纲要》首次把大数据列入国家战略，指出全面实施促进大数据发展行动，助力产业转型升级和社会治理创新。党的十八大以来，习近平总书记围绕大数据发表了系列重要讲话，逐步形成了新时代国家大数据战略观，强调实施国家大数据战略，加快建设数字中国。

大数据对国家和人类社会的发展都至关重要，但由于其成因复杂，目前在学术界还没有统一的对于大数据的定义。“大数据”这一概念起源于 2008 年 9 月 Nature 杂志刊登的名为“Big Data”的专题。维克托·迈尔-舍恩伯格在《大数据时代》中将大数据定义为不用随机分析法（抽样调查）这样的捷径，而采用所有数据的方法。麦肯锡全球研究院发表的《大数据：下一个创新、竞争和生产力的前沿》中提出：大数据是指其大小超出了典型数据库软件的采集、储存、管理和分析等能力的数据集。维基百科将大数据定义为“各种来源的大量非结构化或结构化数据，是一种海量数据，由巨型数据集组成，这些数据集大小常超出人类在可接受时间内的收集、使用、管理和处理能力”。而 EMC 公司从大数据应用价值角度对大数据进行定义，“大数据无论是 TB 数量级还是 PB 数量级，即使数据的精确数量再多，也不如数据最终的使用价值结果重要”。高德纳咨询公司也提出：大数据是需要新处理模式才能具有更强的决策力、洞察发现力和流程优化能力来适应海量、高增长率和多样化的信息资产。

二、大数据的特征

维克托在《大数据时代》中提出了大数据所具有的 3 个特点：数据更多，不是随机样本，而是全体数据；数据更杂，不是精确性，而是混杂性；数据关系，不是因果关系，而是相关关系。麦肯锡公司提出了大数据的“4V”特征，即容量巨大（Volume）、种类复杂（Variety）、处理速度快（Velocity）、价值密度低（Value）。IBM 提出大数据的特点是“5V”，除了麦肯锡提出的“4V”，还包括准确性（Veracity）。具体来讲，Volume 是指大数据的数据量大，包括采集、存储和计算的量都非常大。大数据的起始计量单位至少是 P（1 000 个 T）、E（100 万个 T）或 Z（10 亿个 T）。Variety 指的是大数据种类和来源多样化，包括结构化、半结构化和非结构化数据，具体表现为网络日志、音频、视频、图片、地理位置信息等，多类型的数据对数据的处理能力提出了更高的要求。Value 表示大数据的数据价值密度相对较低。随着互联网以及物联网的广泛应用，信息感知无处不在，信息海量，但价值密度较低，如何结合业务逻辑并通过强大的机器算法来挖掘数据价值，是大数据时代最需要解决的问题。Velocity 代表大数据的数据增长速度快，处理速度也快，时效性要求高。例如，搜索引擎要求几分钟前的新闻能够被用户查询到，个性化推荐算法尽可能要求实时完成推荐。这是大数据区别于传统数据挖掘的显著特征。Veracity 指的是大数据的准确性和可信度，即数据的质量。

三、大数据的利用

大数据是一种资源，对大数据进行深入分析才能获取有价值的信息，从而为决策服务，提高竞争力。由于大数据具有容量巨大、种类复杂、价值密度低等特点，对其进行分析的方法十分重要，目前的大数据分析方法有以下几种：

（一）可视化分析

对大数据的可视化分析可以将存在于海量数据中的相关信息通过图表等形式表现出来，借用图形化手段来清晰有效地传达与沟通信息，有助于提高数据的可解释性，使用户直观地获取所需结果。

（二）数据挖掘算法

如果说可视化是面向用户的，那么数据挖掘则是面向机器的，基于不同的数据类型和格式的不同数据挖掘算法可以处理大数据的数据量，并且满足效率的要求，科学地呈现出数据本身的特点，使我们深入挖掘数据内部的价值。

（三）大数据预测性分析

大数据预测将传统意义的“预测”拓展到“现测”。大数据预测的优势体现在它把一个非常困难的预测问题，转化为一个相对简单的描述问题，而这是传统小数据集无法企及的。预测性分析主要用于预测事件未来发生的可能性、预测一个可量化的值，或者是预估事情发生的时间点，这些都可以通过预测模型来完成。

（四）数据管理和数据质量

大数据分析与数据质量和数据管理紧密相关，质量高的数据和有效的数据管理可以使分析结果有价值、真实并得到有力的保证。而由于大数据的规模庞大、来源复杂，数据在收集、传输、存储、计算等方面都有可能产生错误和冲突，导致数据质量问题。为了改进和提高数据质量，必须从产生数据的源头开始抓起，强化全面数据质量管理的思想观念，把这一观念渗透到数据生命周期的全过程。

与大数据相关的技术体系庞大且复杂，基础的技术包含数据采集、数据存储、资源管理、计算框架、数据分析、数据展示等各种技术范畴和不同的技术层面，如图 1－1 所示。

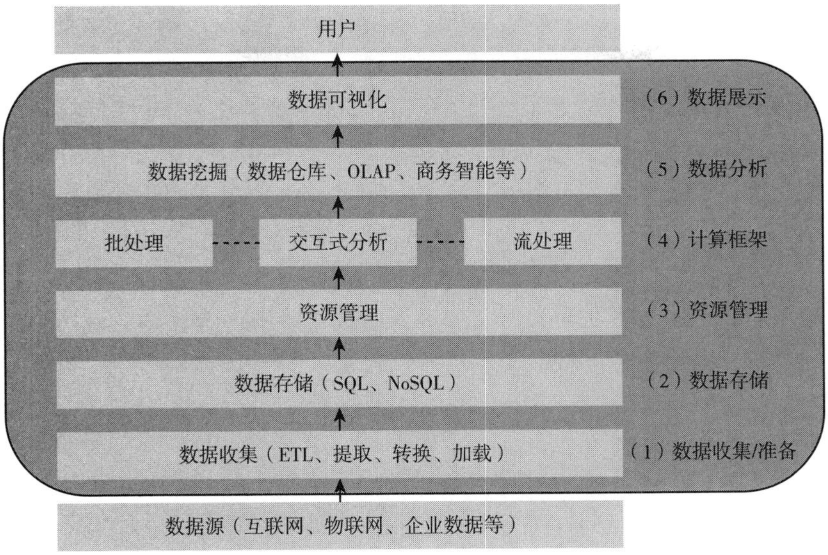

图 1-1　大数据技术框架

第二节

现代金融的大数据特征

一、现代金融产生海量金融大数据

现代金融与传统金融的不同点之一，就在于其能够产生更加海量的金融大数据。随着时间的推移，越来越多的个人和企业参与到金融业务当中来，同时金融业务本身的种类也在不断增加。现代金融环境下，金融交易的时间和空间限制变得越来越少，人们可以随时随地进行各种类型的在线金融交易。不仅是金融交易本身的数量增长催生金融大数据的出现，能够进行实时数据记录和储存的技术要求也是金融大数据得以产生的要素之一。现代金融的第一个大数据特征，就是其能够产生可供利用的海量金融大数据。

二、现代金融发展需要挖掘金融资产价值

现代金融的第二个大数据特征，在于其自身发展对于金融数据资产进行挖掘的内在需

求。传统金融行业的服务主体面对日益出现的新竞争者，必须开展技术研究和数据资产价值挖掘工作，才能够维持现有地位。当下，客户对于金融服务的需求越来越多样化，这要求金融机构能够提供多样的金融产品和金融服务以供客户选择。对于金融机构来说，如何针对当下的竞争做出正确选择，如何进一步提升自身的竞争力，开发出有市场前景的产品和服务，是需要通过严谨的大数据统计和分析来完成的。对于某项产品或服务的去留决策，应当建立在准确的数据分析统计结果基础上；对于不同客户的服务形式和产品推介，也应该以该客户既有历史交易数据作为分析对象，从而更好地降低成本，取得收益。

三、大数据分析技术在金融行业广泛应用

现代金融的第三个大数据特征，是在金融行业中已经得到部分应用并将不断发展的大数据分析和处理技术。当前，金融行业对于大数据分析等相关技术的使用已经在证券、银行、保险、信托、互联网金融和金融行业监管等诸多领域得到广泛体现。具体来看，大数据技术在客户行为分析、用户画像、精准营销和风险评估等方面有了很好的运用。不仅是银行业、证券业、保险业和信托业等传统的金融业机构在推进大数据应用，新兴的互联网金融和供应链金融等行业也在利用大数据技术，促进自身的发展。大数据对金融行业征信体系的建设起到了关键的作用，为整体风险的防范做出了巨大贡献，是金融行业安全发展的基础。同时，大数据分析技术的使用，实际上也提高了各类金融机构的服务能力和专业化水平，推动监管机构不断丰富管理手段并增强管理效率。

第三节

金融大数据的内涵

一、金融大数据的产生

从某种程度上来讲，大数据本身是自从人类存在就已经出现的产物，只是明确的大数据概念近些年才被正式提出和使用。通常所说的大数据，既包含数字化数据，也包含非数字化的数据；既包括人类社会中产生的各种信息，又包括自然界当中发生的现象留存的痕迹信息。金融大数据作为大数据的组成之一，是同工业大数据、农业大数据、社交媒体大

数据等相同级别的大数据类别。所谓金融大数据，可以理解为一切可以反映有关主体在金融交易行为中基本信息的数据集合，金融大数据并不是各类数据的简单加总，而是通过各种技术手段分析数据内涵、进一步产生更有价值的信息，从而发挥其作用。

就金融行业看，金融大数据包括了银行等金融机构、政府监管机关、组织和个人客户在投资、融资、储蓄、理财和参与股票期货等证券交易时的一切相关信息。以商业银行为例，其电子系统当中保存的所有客户个人资料、客户的以往交易记录以及通过这些原始数据加工取得的分析性信息资料就都属于金融大数据的组成成分。此外，一切与银行经营业务相关的外部政策法规，如与存贷款相关的利率、贴现率标准甚至是同行业竞争者的有关资料，都是其金融大数据的体现。所有金融业参与主体的金融数据相互叠加，最终就形成了宏观角度的金融大数据，为金融行业进一步发掘数据价值提供基础。

二、金融大数据的来源

作为金融机构，其大数据的获取途径主要可以分为自有数据积淀、公开数据采集、行业数据共享和专业化数据采购等。从不同来源处取得的大数据，也具有各自的优缺点，能够发挥不同的价值。

（一）自有数据积淀

自有数据积淀是金融机构数据的最主要来源之一，也是其经过长时间的业务积累所形成的宝贵资产。每家金融机构自从诞生之日起，就在不间断地开展各类业务，每项业务的办理都会在其业务系统中留下痕迹并成为历史数据保存在数据库里。这些数据是金融机构最容易取得也最能够保证有效性和真实性的数据种类，往往是开展大数据技术研究的首要数据来源，比如银行可以根据这些数据进行用户画像，识别出不同类别的客户，从而开展精准营销，提供差异化服务。

（二）公开数据采集

公开数据采集也是金融大数据的重要来源，这些数据往往广泛分布在不同的网站平台上，具有不同的数据结构和类型。网络上可供采集的数据既有政府官方发布的数据信息，也有关于企业经营和个人历史行为的记录信息。对于金融机构来说，可供采集的公开数据往往获取成本较低，但需要自身具备相关的技术能力去大批量搜集取得这些信息，同时要对这些信息的真实可靠程度进行合理评估。在取得这些数据后，可能还需要对数据进行数据清洗工作，将其转换成统一的数据形式，从而与自身的系统保持一致性。

（三）行业数据共享

行业数据共享即同行业企业之间的数据分享，目前属于相对发展较慢的数据取得方法。依旧以商业银行为例，不同的商业银行之间往往需要的数据类型相同，比如针对贷款企业和个人的相关信用数据，不同地区居民的储蓄能力和未来发展趋势等。如果不同的银行之间能够开展数据共享，就将会有更大程度上的数据价值产生，数据分析的作用也将得到进一步保证。对于同一家银行，其不同分行或不同部门之间完全可以进行数据的共享，将数据价值充分利用。但事实上对于不同的机构来说，不同类型的数据在数据共享方面存在很大差异。有些涉及客户个人隐私的数据根据法律规定不能对外公开或分享，有些重要的经营信息数据则因为其对自身发展的关键性很难进行分享。因而，如何构建合理的金融数据共享机制，既维护客户权益和自身利益，又最大化数据资产的价值，仍是金融行业需要探索的问题。

（四）专业化数据采购

专业化数据采购是说有针对性地从特定主体处购买某类数据，也是当前比较成熟的数据取得方式之一。中国 2014 年年底成立、2015 年正式运营的贵阳大数据交易所就是开展数据资产交易的典型平台之一，截至目前已经有 225 家优质数据源的接入，可交易数据总量超过 150PB，可交易产品种类高达 4 000 多个。其中，金融大数据、政府大数据、企业大数据、经济大数据和电商大数据是其十分重要的产品组成，也是与金融行业发展紧密相关的数据产品。金融机构通过专业化采购的方式取得数据，将能够保证数据的质量，且数据取得相对更快捷高效，节约了大量的时间和人工成本，可以直接使用现成的数据及数据分析成果。

三、金融大数据的概念

金融大数据指的是在日常的业务处理和交易当中所产生的巨量的结构化、半结构化和非结构化数据，这些数据可以通过互联网进行收集、储存、分析和处理。金融大数据的内涵，可以理解为大数据中蕴含的反映人们金融交易行为互动的基本信息，这是一种依据“信息来源于大数据”的认知来理解金融大数据概念。也有研究认为金融大数据就是以金融数据为核心，针对银行、证券、保险、支付清算和互联网金融等行业，以提升资源配置效率、强化风险管控能力、促进业务创新为目标，进行数据获取、存储、分析和应用的新一代信息技术和服务业态，包括数据源、通用数据处理和应用层等组成部分。

根据有关的学术研究，本书在涉及金融大数据和大数据金融概念时通常做出如下区分：金融大数据指的是一种客观存在的数据类型，如金融业务的历史交易信息，有时也指与其相关的大数据处理方法和技术。大数据金融则是指一种新的商业模式，其将大数据技术广泛地应用在金融领域各个场景当中，通过深度融合大数据技术和金融业务环节，重建金融生态圈，当下主要的大数据金融商业模式有平台模式、供应链金融模式和互联网消费金融模式。

四、金融大数据的分类

根据分类标准的不同，金融大数据可以划分成不同的类别。比如，按照来源可以将金融大数据分成自有的金融大数据和外来的金融大数据；按照数据类型可以将金融大数据划分为结构化的金融大数据和非结构化的金融大数据；按照具体的行业又可以将其划分为银行大数据、证券大数据和保险大数据等。为了便于理解，同时与后续章节的案例相对应，这里主要采用第三种划分方式来区分金融大数据。

（一）银行大数据

银行作为传统金融机构的主要代表，在金融领域中一直占据着重要地位。但随着证券行业的不断发展和移动支付、互联网金融等的兴起，银行所具备的媒介作用开始逐渐淡化。银行主要拥有的大数据可以表现为其自身积累的客户数据和各类税务、工商和海关的外部数据。银行面对日益激烈的行业内部竞争和各类潜在竞争者的进入，必须进一步厘清自身所拥有的数据资源，提高数据的利用效率。

（二）证券大数据

证券行业的发展对于数据的依赖度很高，对于证券公司来讲，其不仅在日常的运作中会产生大量的数据，而且也必然需要搜集和分析各种数据来指导实际的投资行为。证券行业大数据的主要表现有每日的个股和大盘行情数值，财经网站的股票趋势行情图、K线图、日均线图等图标数据，以及各种有关公司经营发展的新闻消息、股民评论信息等。在这些数字、图表和文本信息的背后，全都是海量的大数据内容。

（三）保险大数据

保险行业的大数据主要包括了承保数据、保险数据以及理赔数据。保险公司的保单中还包含有投保人信息、被保险人信息、保障内容、赔付条款和免责条款等具体内容，这使得整个保险行业拥有了规模巨大的数据。如此一来，数据的整合和分析处理能力就成为影响保险公司发展的关键要素。

五、金融大数据应用现状

（一）主要应用场景

大数据可以充分利用金融市场中的海量数据，以挖掘用户潜在需求、评价客户信用水平并开展信贷风险管控工作。当前，金融大数据的主要应用场景有金融机构的经营管理、投资理财辅助操作和金融行业整体监管等，金融大数据在这些不同方面发挥着自身的作用。

金融大数据可以改善金融产品服务，促进经营管理水平提升。金融大数据在金融机构提升客户管理、产品管理、营销管理、系统管理、风险管理和内部管理优化等方面都存在价值，被广泛使用。例如，通过采集客户的有关历史信息，金融机构将更好地开展客户和营销管理活动，同时还可以根据客户和产品服务的交互关联优化产品服务设计。

金融大数据在金融行业的另一个主要应用场景是运用程序化交易。程序化交易是指通过把交易策略输入计算机，并由计算机进行处理、判断和执行的交易方式。通过大数据技术对每日的交易行情和交易数据开展筛选分析工作，能够更快更好地应对数据难题。基于计算机的大数据程序化交易，能够明显提升投资者的数据分析和交易处理的水平。

金融大数据有助于金融监管更加高效便捷，在更大范围内发挥监管效力。通过建设先进的监管信息系统，监管机构可以掌握到金融市场内的实时动态和多渠道数据信息。与以往依据监管规定、规范开展定期或不定期检查不同，大数据下的金融监管将会更加强调事前、事中和事后的全流程监督管控，提高监管行为整体的有效性、及时性和低成本性。

具体的行业和企业金融大数据应用实例，将在后续章节逐一进行介绍。

（二）国内外金融大数据市场规模

金融行业具有庞大的数据量，已经成为继互联网和运营商之后的新的最热门的大数据相关应用领域。在全球范围内，金融行业都是大数据及大数据技术应用的重要方向，其不但拥有巨大的数据量，同时具备着极高的应用价值潜力。

美国是在金融领域应用大数据较早的几个国家之一，这一方面是因为其金融行业本身历史悠久、金融体系更加完善，另一方面是因为美国拥有较多的大数据技术和相关研究成果。根据前瞻产业研究院发布的《2018—2023 年全球金融大数据行业发展前景预测与投资战略规划分析报告》，美国金融大数据行业的市场规模在 2010—2017 年的平均复合增长率高达 56.51%，2017 年其规模就已经达到了 69 亿美元。

欧洲的金融大数据市场规模在 2010 年仅 1 亿美元左右，至 2017 年就增长到了 35 亿美元，也呈现着明显的几何级增长趋势。日本 2010 年的金融大数据市场规模为 1 200 万美元左右，2017 年已经扩展至 3.09 亿美元。印度 2017 年的金融大数据行业市场规模在 4.22 亿美元左右，2010—2017 年的平均复合增长率为 61.08% 左右。可见，世界上主要国家和地区的金融大数据市场规模在近年来都呈现出很快的增长趋势，且有继续不断提高的潜力，值得进一步开发。

根据 2018 年中国大数据高峰论坛发布的《中国大数据行业报告》显示，中国 2017 年的大数据行业整体市场规模为 1 000 亿元，其中行业应用细分市场规模为 700 亿元，是大数据行业最大细分领域，且大数据的运用在金融、政务和互联网领域内的成熟度最高。在细分市场中，基础平台整体市场规模在 100 亿元左右，通用技术整体市场规模在 200 亿元左右。在行业应用层，大数据应用相对成熟的金融、政府领域市场规模为 200 亿元，整个行业应用市场规模为 700 亿元。

爱分析在 2018 年发布的《中国金融大数据行业报告》中提出，中国的金融科技潜在市场规模为 1 100 亿元，金融大数据将会成为应用落地过程中的急先锋。以金融大数据风控市场为例，中国的大数据风控市场规模在 2017 年达 140 亿元，而美国市场规模则是 120 亿美元。因此，考虑到当时中国市场居民的消费信贷余额只有美国的 1/3，中国大数据风控市场规模还会有大幅提升空间。

此外，公开数据还显示，中国的金融大数据市场规模及其增速如图 1－2 所示。

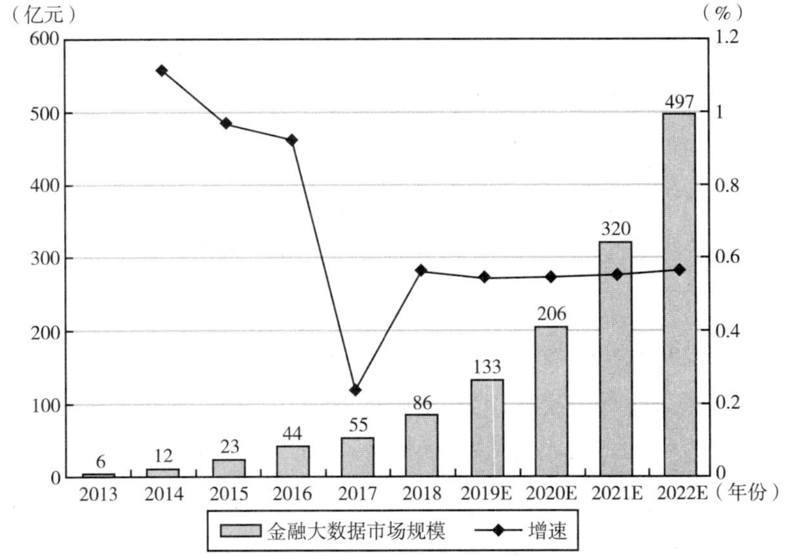

图 1－2　金融大数据市场规模及增速（亿元）

图1-2中显示，伴随着时间的推移，中国的金融大数据市场整体规模前期在迅速增大并逐渐呈现出稳定增长态势，但其增速已经开始放缓并趋于平稳。根据预期数据，未来还将有很大的市场空间可供相关机构进行探索和挖掘，存在着较高的市场价值。

第四节

金融大数据发展趋势

随着大数据分析和云计算等新兴数据处理技术的发展，对金融大数据的运用已经出现了很多有代表性的成功范例。当下金融大数据的发展既存在良好的发展机遇，也不可避免地面临着挑战。在市场需求拉动和技术进步推动的双重作用之下，拥有海量金融大数据并不断进行数据挖掘探索和分析的金融行业在其发展过程中呈现出以下趋势。

一、各类非金融机构开展跨界，提供金融服务

传统金融服务的提供者主要是商业银行、保险公司和证券公司等金融机构，但大数据时代下越来越多的市场主体开始了基于大数据的金融业务探索，成为金融服务提供者。以平台模式下的大数据金融业务为例，平台方就完全有机会通过自有资金和掌握大量数据信息的优势开展新型金融服务，这样一方面拓展了其业务范围，另一方面也提高了平台用户的整体体验，有助于增强用户的黏性，为平台自身创造更多收益。典型的代表企业如阿里巴巴、淘宝、京东和亚马逊，都是伴随着金融大数据的发展开始涉足金融领域的，它们有时甚至能够依靠独有的数据资产和技术能力取得超越传统金融机构的发展成果。除上述的平台类企业外，以海尔、美的为代表的行业龙头企业也借助自身的资金实力和信息优势，开展供应链金融模式的大数据金融业务，成为金融行业的参与主体。

二、大数据技术融入广泛应用场景，提高效率水平

金融大数据发展过程中出现了许多新的专业化的金融服务类型，数量也较多。随着涉足领域越来越广泛，基于大数据的金融业务必将出现专业化趋势，产生更明确的产业链分工，根据不同的环节或者是不同的行业，其服务内容都将产生一系列的变化。在不同的业务领域范围内，大数据将与实际业务需要相结合，从而开拓出不同类型的大数据金融服

务。以银行借贷为例，大数据技术就会带来更加精确的信用评估模型和授信额度算法；以理财服务为例，大数据技术则更多地用于客户精准画像和用户行为分析，从而便于开展精准营销服务，也有助于理财产品的设计和更新替换。简而言之，未来基于大数据的金融服务将根据所在具体业务领域的不同，衍生出更加多样的服务类型，在多样化的同时其专业程度也将得到体现，不同服务将会应用不同种类的大数据分析处理工具，从而为专业领域需求提供借鉴。

三、技术能力在金融行业的未来竞争中日益关键

专业化的大数据分析和处理技术是引领金融服务升级的基础，大数据金融的发展离不开数据和数据处理技术。不论是传统金融机构开展的互联网金融转型，还是新的大数据金融参与主体的出现和发展，都是建立在相关技术发展成熟的基础之上。互联网和云平台为大数据金融提供了存在的可能，数据搜集和数据存储技术使得数据管理工作更加现实可行，数据分析和处理技术则是其金融业务发展的核心。通过使用和提升大数据技术的能力，大数据金融业务的服务水平也将进一步提高。可见，掌握大数据相关技术是未来有关大数据金融的行业参与者的主要竞争力之一。

四、数据成为金融行业重要资产，可交易和共享

在大数据金融模式下，金融业务的整个流程都变得越来越离不开大数据。比如，作为大数据金融典型模式的平台模式和互联网消费金融模式，其所需要开展的信用评估业务在整个金融服务的链条中处于开始和关键性地位，而该业务又必然需要各类数据作为支撑。只有具备了高效且精准的信用评估模型，相关机构才能够为符合条件的用户提供后续服务，如此一来，大数据的价值和意义便不言而喻。可以说，谁掌握了用户相关的数据信息，谁就能够通过有关技术实现用户评级和分类，为开展金融服务奠定基础。类似地，供应链金融模式下主体企业也往往拥有着关于整个供应链条上下游企业的物流和信息流数据，并基于这些数据开展对企业和行业状况的分析，以开展供应链金融服务。因此，数据作为一种资产，甚至是具有战略意义的资产，将在大数据金融行业发展中成为一个共识。随着大数据金融的发展，有关主体将会逐步构建大数据战略，把数据资产管理列入企业战略层级当中，作为一项十分重要的任务来看待，数据将变得可以交易和共享。

五、人工智能将成为大数据金融新的发展动力

人工智能是研究和开发用于模拟、延伸和扩展人的智能的理论、方法、技术及应用系统的一门新的技术科学。作为计算机科学的一个分支，它企图了解智能的实质，使得机器（计算机）具有自我学习和提升的能力。依托机器学习、深度学习、自然语言处理和知识图谱等底层核心技术，基于人工智能的风控解决方案可为银行等机构提供预授信行内白名单、贷前准入、贷后预警以及智能催收等多个场景的解决方案。此外，人工智能技术还可以在信贷反欺诈和异常交易检测等领域发挥重要作用，为金融行业的欺诈风险分析和预警监测提供坚实的技术支持。作为科技创新的一个关键领域，人工智能甚至将会给金融行业带来颠覆性变革，成为银行发现客户、与客户保持沟通和良好关系的重要手段，使金融服务更加个性化与智能化。

六、金融数据安全会得到更好保障

金融行业的数据机密性天然的比其他行业要更加重要，往往直接关系到组织或客户个人的切身利益。大数据金融环境下，个体和企业客户、其他金融组织和金融主体自身的一系列数据都在云端或服务器上进行存储，以供各类业务获取和使用。这样的大数据信息量，也将面临更大的数据安全风险。从内部风险来看，金融机构的员工有机会从各业务系统中或设备终端上下载取得数据，如果不进行合理的权限管控，很有可能导致客户数据的泄露，甚至是涉密信息的外流，给自身经营带来巨大损失。从外部风险来看，云端数据和自身的网络服务平台如果没有良好的运维管理和防火墙设置，很有可能会被黑客或其他不法分子通过各种途径入侵，导致数据的外流甚至是被修改删除。因此，未来的金融行业一定更加注重数据安全保障，采用多种技术和非技术手段开展数据安全工作，从源头保证数据安全性。

本章复习题

1. 谈谈你对大数据概念的理解，说出大数据所具有的几个主要特征是什么？

2. 简单介绍现代金融有哪些大数据特征。

3. 说说什么是金融大数据，金融大数据的主要来源有哪些，可以如何进行分类？

4. 简单讲讲当前国内外金融大数据的使用现状如何，中国金融大数据是否还存在发

展空间？

5. 说出金融大数据发展过程中出现的几个趋势。

6. 查阅资料，说说除了金融行业之外，还有哪些领域受到了大数据技术的影响，其影响程度如何？

7. 查阅有关资料，简单说说金融行业可能使用到的大数据相关技术有哪些，通常会使用在哪些具体的业务场景当中？

第二章　伞型大数据创新思维方法

【本章重要知识点】

1. 大数据创新思维带来数据化思维，提供了一种认识复杂系统的新思维和新手段。

2. 伞型大数据创新思维方法体系从个人、大数据项目、组织3个层次构建了包含聚焦数据管理能力的组织数据思维方法、聚焦商业目标驱动的项目数据思维方法和聚焦结构化思维的个人数据思维方法。

3. CRISP－DM代表跨行业的数据挖掘过程，提供了数据挖掘项目的结构化方法，由商业理解、数据理解、数据准备、建立模型（Modeling）、模型评估、模型发布6个阶段组成。

4. 结构化思维在应用过程中的3个基本原则，即以终为始原则、分类原则和突出重点原则。运用结构化思维方法进行关键问题分析和发现的4个步骤，界定问题和目标、给出假设和分类、明细关键和交叉分析。

5. 数据分析问题包括数据描述和总结、聚类、概念描述、分类、预测、关联分析等类型，这6类数据分析问题应用的数据建模技术也有所不同。

第一节

伞型大数据创新思维方法

一、大数据创新思维——数据化思维

大数据提供了全新的思维方式和探知客观规律、改造自然和社会的新手段。2012年，牛津大学教授维克托·迈尔－舍恩伯格（Viktor Mayer－Schönberger）在其畅销著作《大数据时代》中提出，数据分析将从“随机采样”“精确求解”和“强调因果”的传统模式演变为大数据时代的“全体数据”“近似求解”和“只看关联不问因果”的新模式。

百度百科对“思维”的定义是人用头脑进行逻辑推导的属性、能力和过程，涉及所有的认知或智力活动。思维探索与发现事物的内部本质联系和规律性，是认识过程的高级阶段。大数据的价值本质上是提供了一种人类认识复杂系统的新思维和新手段。因而，从这个意义上来认识和理解数据应用目的，可以知道数据并不是目的，而是分析问题的一种视角和解决问题的一种手段。通过对数据的洞察，可以预测需求、预测制造、挖掘不可见世界的价值、解决和避免不可见问题的风险，以及利用数据去整合产业链和价值链。因而，数据化思维是以数据原理、方法和技术来解决现实场景问题的一种思维方式。

数据化思维是一种系统思维方式，通过数据来界定和分析数据分析问题，从数据中抽象获得知识，形成业务管理流程的一部分，创新了业务模式，提升了业务效率，实现了阶段性目标，随着企业内外部环境变化，将重新定义商业目标和业务问题，如图2－1所示。

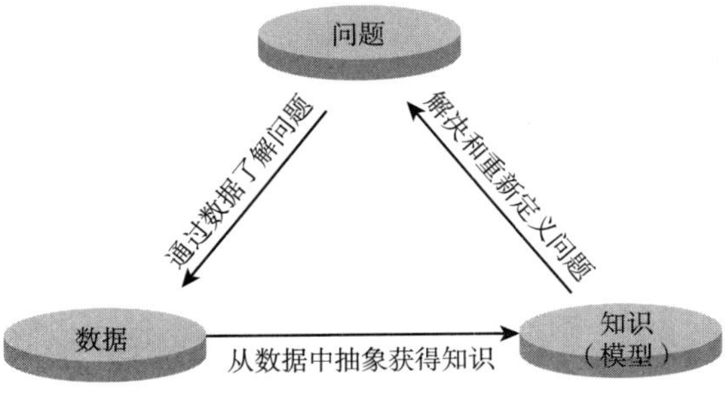

图2－1　数据化思维下的问题、知识和数据

二、伞型大数据创新思维方法

在当今大数据时代，信息泛滥、算力膨胀，数据不是太少而是太多，数据纷繁复杂，数据质量无法保障，数据价值密度低下。对企业来说，大数据到底是企业资产还是负担，这是一个颇受争议的话题。大数据的存储、处理都需要一定的成本，还需要人力专门去维护，而数据用不起来，或用得不好，并不会给企业产生任何价值。在这繁杂的大数据中，如何能够快速找到价值数据，并依靠数据去发现问题、分析问题、解决问题、跟踪问题，就需要建立数据思维模式。而只有拥有数据思维才能真正让数据产生价值。因此，不论企业还是个人拥有数据思维远比拥有大数据更重要。

本书从组织、项目、个人 3 层数据思维构建伞型大数据创新思维方法体系，如图 2－2 所示。伞型大数据创新思维方法的主体包括组织、项目和个人，三者所需具备的数据思维方法关注重点各有不同。组织数据思维方法聚焦于数据管理能力，大数据作为组织资产，对数据的管理能力将会成为企业数字化转型的驱动力，也将是企业在大数据时代的竞争力。项目数据思维方法聚焦于商业目标驱动，大数据项目是否成功或成果是否有效，取决于其是否实现组织所期待的商业目标，此外，大数据项目开展初期，首先要把商业目标逐步分解细化为业务问题和数据分析问题，再根据数据分析问题定义所需数据，然后从不同数据来源获取数据，开展后续数据分析工作。个人数据思维方法聚焦于培养结构化思维模式，借用一些思维框架来辅助思考，将碎片化的信息进行系统化的思考和处理，从整体思考到局部，一种层级分明的思考过程，可以扩大思维的层次来更全面地思考。

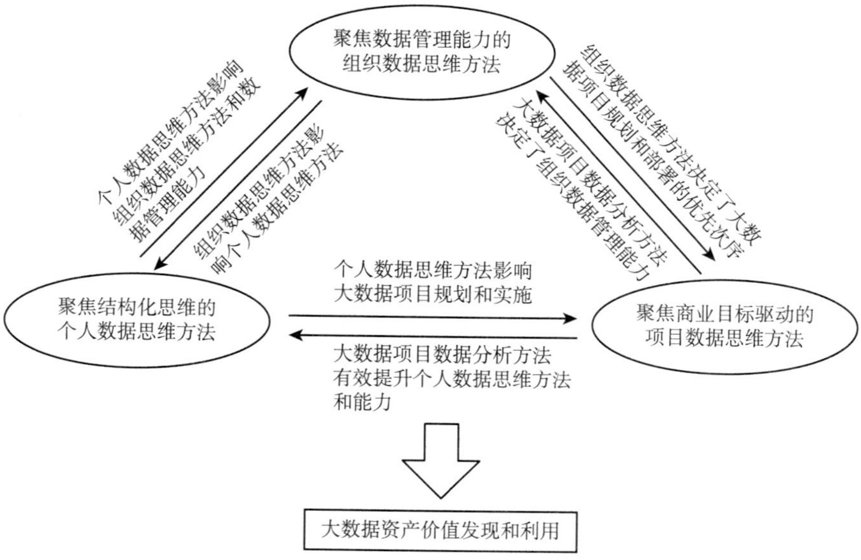

图 2－2　伞型大数据创新思维方法

伞型大数据创新思维方法在个人、项目和组织的内圈循环关系里，呈现出个人数据思维方法是否具备结构化思维能力，将直接影大数据项目规划和后续实施效果，而项目数据思维方法是否能聚焦商业目标，将直接决定了组织的数据管理能力培育和提升，组织数据思维方法是否能聚焦数据管理能力，将影响员工个人对数据思维方法培训的重视程度。

伞型大数据创新思维方法在个人、项目和组织的外圈循环关系里，组织数据思维方法是否聚焦数据管理能力，则决定了组织大数据项目规划和部署的优先次序，聚焦商业目标驱动的项目数据思维方法，将会在项目实施阶段，有效提升项目成员的数据思维方法和能力，个人数据思维方法特别是中高层决策者是否具有结构化的数据思维方法，将直接影响组织的数据思维方法和数据管理能力。

本书对伞型大数据创新思维方法中的项目数据思维方法，主要介绍 CRISP－DM 跨行业的数据挖掘过程方法；对个人数据思维方法，主要介绍结构化思维方法；组织数据思维方法，将在本书第三章主要介绍中国数据管理能力成熟度评估模型（DCMM）。

第二节

项目数据思维方法——数据分析方法论

大数据分析方法论的核心是数据挖掘方法论。数据挖掘是指从大量的数据中，经过统计学、人工智能、机器学习等方法，挖掘出不知道的，且有价值的信息和常识的进程。

随着数据挖掘市场的发展和成熟，不同的组织机构提出过很多的方法论，如 CRISP－DM、SEMMA、5A 等，其中，CRISP－DM、SEMMA 应用最为广泛。CRISP－DM（Cross－Industry Standard Process for Data Mining），即为“跨行业数据挖掘过程标准”，是以 SPSS、Daimler Chrysler 等当时在数据挖掘商业实践中经验丰富的商业公司所倡立的（CRISP－DM Special Interest Group，SIG）组织于 1999 年开发并提炼出来的，通过近几年的发展，CRISP－DM 模型在各种数据挖掘过程模型中占据领先位置，采用量达到近 60%，目前已经成为世界数据挖掘业界公认的有关数据挖掘项目实践的标准方法论。排在其后的是由 SAS 公司提出的 SEMMA 模型，将数据挖掘过程划分为 5 个阶段：抽样（Sample）、探索（Explore）、处理（Manipulate）、建模（Model）、评估（Assess）。SPSS 则提出了 5A 模型，即评估（Assess）、访问（Access）、分析（Analyze）、行动（Act）、自动化（Automate）。

相比于 SEMMA 模型和 5A 模型更偏重于数据挖掘的建模过程，CRISP－DM 模型是从一个数据挖掘项目执行的角度谈方法论，是一个不依赖于具体算法的过程框架，CRISP－DM 模型考虑的范围比 SEMMA 要广。CRISP – DM 强调，数据挖掘不单是数据的组织或者呈现，也不仅是数据分析和统计建模，而是一个从理解业务需求、寻求解决方案到接受实践检验的完整过程。相比之下，CRISP – DM 通用性更强，在大数据背景下的适应性也比较好。

因此，CRISP – DM 代表跨行业的数据挖掘过程，提供了数据挖掘项目的结构化方法，是一种可靠且经过验证的方法。本节主要对 CRISP – DM 模型进行详细介绍。

一、CRISP – DM 模型概述

CRISP – DM 模型提供了一种开放的、可自由使用的数据挖掘标准过程，使数据挖掘适合于商业或研究机构的问题求解策略。CRISP – DM 模型如图 2 – 3 所示，它把这个过程定义为 6 个标准阶段，分别是商业理解（Business Understanding）、数据理解（Data Understanding）、数据准备（Data Preparation）、建立模型（Modeling）、模型评估（Evaluation）、模型发布（Deployment）。

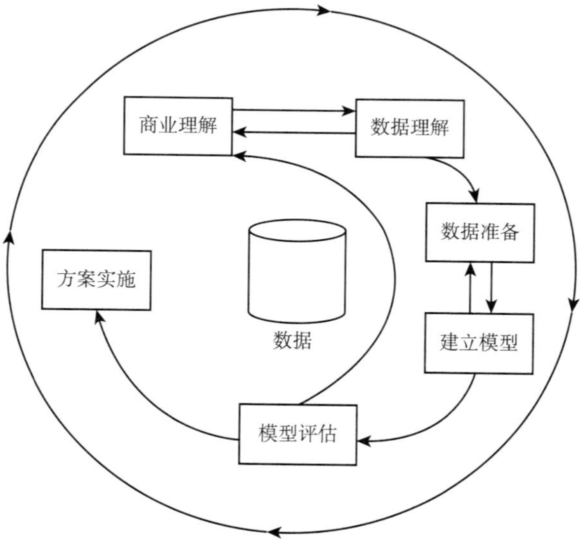

图 2 – 3　CRISP – DM 模型实现流程

CRISP – DM 模型为一个数据挖掘项目提供了一个完整的过程描述。该模型将一个数据挖掘项目分为 6 个不同的，但顺序并非完全不变的阶段，所有阶段均由按序、具有复杂反馈回路或迭代执行、非单向直线的多个步骤构成。下一个步骤在上一个步骤顺利完成的基础上执行，它的输入数据就是上一个步骤的输出结果。当模型中的某一个步骤的输出结果无法达到预期目标或运行失败，则需要撤回或拒绝执行当前步骤，重新执行上一个或上上一个步骤，或者重新制定项目方案，以创新性地执行数据挖掘或知识发现的各项任务，

直到发现有效、创新的具有应用潜力、能够被人理解的知识，并达到预期目标为止。以图 2-3 为例，图中箭头指出了最重要的和依赖度高的阶段关系，从其内部范围上看，商业理解与数据理解、数据准备与建模之间存在迭代，评估到商业理解存在反馈回路；外圈表示数据挖掘本身的循环特性，即在一个解决方案发布之后一个数据挖掘的过程已经开始，需要在运行过程中不断迭代、更新模型。在这个过程中得到的知识可能触发新的、通常更值得关注的商业问题。

CRISP-DM 模型 6 个阶段的主要目标如下：

（1）商业理解阶段。该阶段是 CRISP-DM 模型的起始阶段，关注从商业角度来理解项目目标和需求，把这些理解知识转换成数据挖掘问题的定义和完成目标的最初规划。

（2）数据理解阶段。数据理解阶段从最初数据收集开始，通过一系列活动的处理，目的是熟悉数据，识别数据的质量问题，发现数据的内部属性，或是探索出引起兴趣的数据子集并形成对隐含信息的假设。

（3）数据准备阶段。数据准备阶段包括从原始数据中构造最终数据集（作为模型工具的输入）的全部活动。这个阶段的任务有的能执行多次，没有任何规定的顺序。任务包括表、记录和属性的选择，以及为模型工具转换和清洗数据。

（4）建模阶段。在这个阶段，会选择和使用各种建模技术，并对其模型参数进行调优。一般来讲，有些技术可以解决一类相同的数据挖掘问题，有些技术对于数据形式有特殊要求，因此经常需要返回到数据准备阶段。

（5）模型评估阶段。在该阶段，一个（或多个）从数据分析角度看似高质量模型已经完成构建。在最后部署或发布模型之前，需要对模型进行较为全面的评估，重新审查构建模型的步骤以确保模型能正确达到商业目标或业务目标。另一个关键目标是判断是否有重要商业或业务问题没有被充分考虑。在这个阶段结束后，一个数据挖掘结果使用的决定必须达成。

（6）模型部署阶段。模型部署阶段又称为模型发布阶段。模型的创建通常并不意味着项目的结束。建立模型本身并不是数据挖掘的目标，模型的作用是从数据中找到知识，获得的知识需要以便于用户使用的方式重新组织和展现，用来改善运营和提高效率。根据不同的企业业务需求，模型发布的具体工作可能简单到提交数据挖掘报告，也可能复杂到将模型集成到企业的核心运营系统中去。

CRISP-DM 模型认为数据挖掘是由商业目标驱动的，因而 CRISP-DM 模型的 6 个阶段主要目标聚焦商业目标、数据的获取和管理，以及模型在商业背景下的有效性。随着商业环境变化，模型的价值也会改变，驱动模型的数据模式可能会改变，CRISP-DM 模型呈现出一个迭代的、各个阶段间可以反馈、整个流程又是循环的过程。为了保证模型的可用性，需要对模型保持更新，尤其是商业理解和数据理解，数据准备和建模阶段可能经常出现反复循环的过程。

二、CRISP – DM 模型的阶段任务和输出

CRISP – DM 数据挖掘方法论采用层次过程模型描述，包括 4 个抽象（从一般到具体）层次构成的任务集合：阶段、主要任务、具体任务和过程实例。在模型的顶层，数据挖掘过程由 6 个阶段组成，每个阶段又包括若干个第二层的主要任务。第二层称为主要任务，是因为其任务层设计得尽可能完全和稳定，“完全”是指涵盖数据挖掘的整个过程和所有可能的数据挖掘应用，“稳定”意指模型对于不可预见的发展比如新的建模技术也会有效，因而主要任务层足够全面以涵盖所有可能的数据挖掘情况。而具体任务层则是面向具体环境实施中的具体任务描述。过程实例则是一个实际数据挖掘项目，具有特定性，不是一般情况。考虑到 CRISP – DM 模型的通用性，本节主要对 CRISP – DM 模型 6 个阶段的主要任务和输出结果进行介绍和说明。

（一）商业理解阶段

商业理解是明确要达到的业务目标，并将其转化为数据挖掘主题，如图 2 – 4 所示。

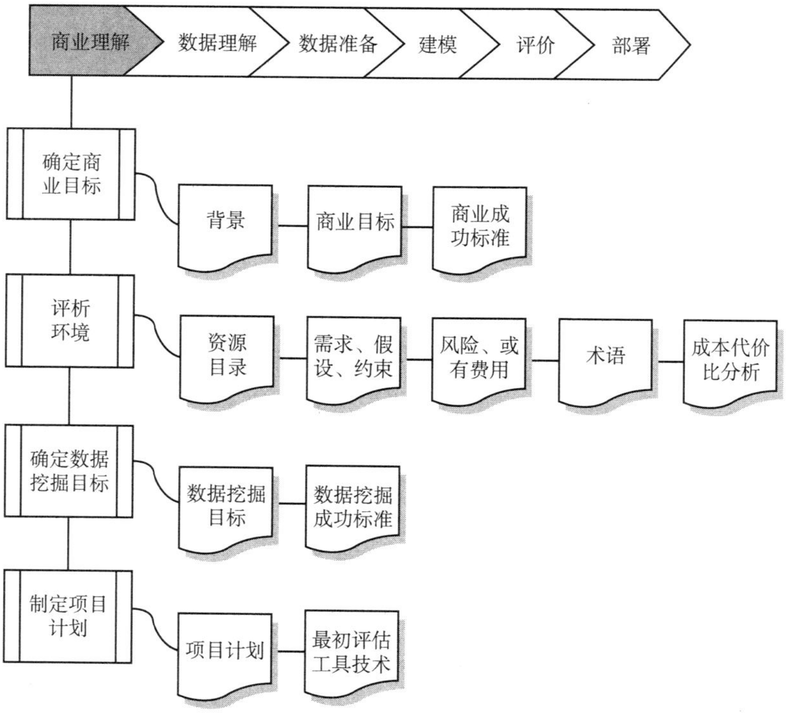

图 2 – 4　商业理解阶段

1. 主要任务1：确定商业目标

从商业角度全面理解客户真正想要达到的目标。

输出1：背景。背景记录了项目开始时调研了解的有关公司商业环境的信息。

输出2：商业目标。商业目标是从商业角度描述客户的主要目标，以及相关的商业问题。

输出3：商业成功标准。从商业角度的各种观点来描述项目结果是成功或有用的。

2. 主要任务2：评析环境

涉及更详细的事实发现，需要考虑全部资源、约束、假设，以及其他一些在确定数据分析目标和项目计划时也需要考虑的因素。

输出1：资源目录。列出项目可用的资源，包括人员、数据、计算资源和软件等。

输出2：需求、假设和约束。列出项目的全部需求、项目制定的假设（有关数据的假设或与商业相关的假设）、项目的约束（资源可用性方面的限制或技术上的约束）。

输出3：风险和或有费用。列出可能导致项目延期或失败的风险或事件。列出相应或有费用计划，以及风险出现时，应该采取何种行动。

输出4：术语。编辑一个与项目有关的术语表，包括与商业有关的术语表和与数据挖掘有关的术语表。

输出5：成本和收益。对该项目进行成本收益分析，比较项目成本与项目成功后为商业带来的可能收益。

3. 主要任务3：确定数据挖掘目标

以技术术语描述项目目标。

输出1：数据挖掘目标。描述项目的预计输出，该输出使得商业目标得以实现。

输出2：数据挖掘成功标准。以技术术语定义好项目结果成功的标准。如果必须以主观方式来描述这些标准，应该标识出哪个或哪些人做出这个主观判断。

4. 主要任务4：制定项目计划

描述为达到数据挖掘目标而实现商业目标的确定计划。

输出1：项目计划。列出项目需要经历的各个阶段，包括持续时间、需要的资源、输入、输出和关联性。此外，还需要分析时间进度和风险之间的关联，标记这些分析结果，列出应对风险的行动和建议。

输出2：工具和技术的初步评估。项目要完成一个对工具和技术的初步评估。

（二）数据理解阶段

数据理解阶段是找出可能的影响主题的因素，确定这些影响因素的数据载体、数据体现形式和数据存储位置，如图 2－5 所示。

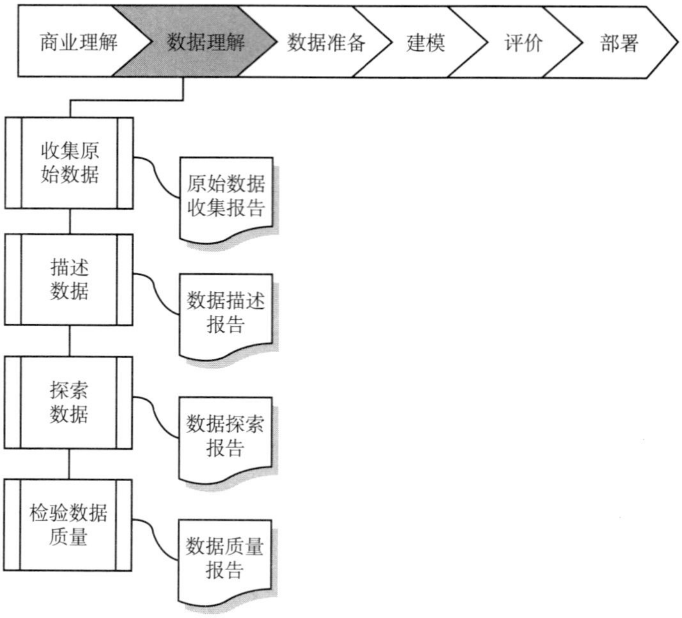

图 2－5　数据理解阶段

1. 主要任务 1：收集原始数据

在项目范围内，获得要列入项目资源的数据（或数据的访问方式）。

输出 1：原始数据收集报告。列出获得的数据集（或多个数据集），包括它们在项目中的位置、获得的方法及遇到的问题。

2. 主要任务 2：描述数据

审查数据的“总体”或“外在”性质并给出结果的报告。

输出 1：数据描述报告。描述已获得的数据，包括数据格式、数据质量。

3. 主要任务 3：探索数据

采用查询、可视化、报告等方式解决数据挖掘中遇到的问题，这些分析可能直接面向数据挖掘目标，也可能有助于撰写或精炼数据描述与质量报告，以及反馈到数据转换和其他数据准备工作中做进一步的分析。

输出 1：数据探索报告。描述该任务的结果，包括初步的发现或假设以及它们对于项目后续阶段的影响。

4. 主要任务 4：检验数据质量

从数据完整性（是否覆盖了全部需要考虑的情况）、数据正确率、数据缺失等方面检查数据的质量。

输出1：数据质量报告。列出数据质量检验的结果；若存在质量问题，列出可能的解决办法。

（三）数据准备阶段

数据准备阶段要从原始数据中形成作为建模分析对象的最终数据集，如图2－6所示。

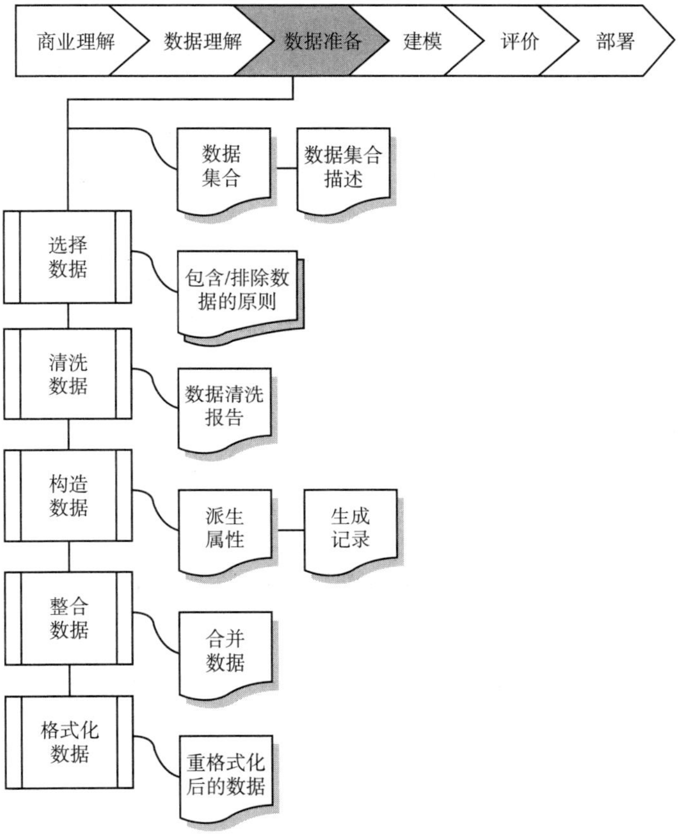

图2－6　数据准备阶段

1. 主要任务1：选择数据

确定用于分析的数据。确定标准包括：与数据挖掘目标的相关性、质量和技术限制，比如数据容量或数据类型的限制。

输出1：包含/排除数据的原则。列出被包含进来的和被排除出去的数据，并给出理由。

2. 主要任务2：清洗数据

借助选用的分析技术提升数据质量，满足既定要求。涉及数据清洗子集的选择、缺省值的补缺等技术。

输出1：数据清洗报告。描述数据理解阶段由检验数据质量任务所报告的数据质量问题的解决策略和行动。报告还需要呈现为清洗目的而进行的数据转换及其对分析结果的潜在影响。

3. 主要任务3：构造数据

该任务包括构造性的数据准备操作，如派生属性、全新记录的生成、现有属性的值转换。

输出1：派生属性。派生属性是在同一记录中的一个或多个既有属性基础上构造出来的新属性。

输出2：生成记录。描述全新记录的生成与创建。

4. 主要任务4：整合数据

通过数据处理方法，从多个数据表或记录组合成的信息可以构造出新的记录或值。

输出1：合并数据。表合并是指把表示相同对象的两个或多个表合在一起形成新表。合并数据还涉及聚合，通过汇总多条记录或多个表的信息来计算新值。

5. 主要任务5：格式化数据

格式化转换主要是指对数据进行的不改变数据含义的句法修改，一般需要建模工具才能实现。

输出1：重新格式化后的数据。根据建模工具对数据属性特别的要求，对数据属性进行转换。

（四）建模阶段

该阶段是选择和应用软件工具，选择合适的建模方法，处理准备好的数据宽表，找出数据中隐藏的规律，如图2-7所示。

1. 主要任务1：选择建模技术

建模的第一步，是选择将要使用的具体建模技术。

输出1：建模技术。文档化将要使用的具体建模技术。

输出2：建模假设。很多建模技术需要对数据做特殊的假设，比如不允许缺失值和类别属性是符号型等。对记录也要做相应的假设。

2. 主要任务2：生成测试设计

在构建具体模型之前，需要制定一个测试模型质量和有效性的程序或机制。把数据集分成训练集和测试集，在训练集上建立测试集，在测试集上评估模型质量。

输出1：测试设计。描述训练、测试和评估模型的确定计划。

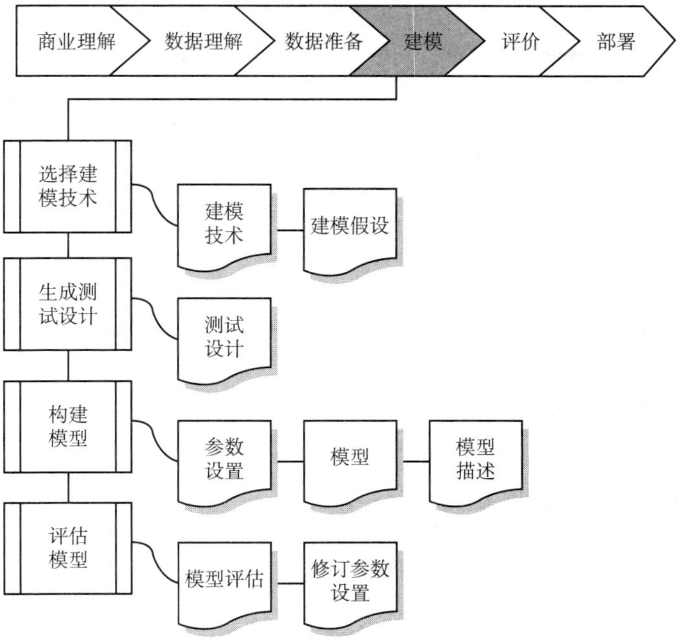

图 2－7 建模阶段

3. 主要任务3：构建模型

在准备好的数据集上运行建模工具，以创建一个或多个模型。

输出1：参数设置。建模工具通常都有大量需要调整的参数。列出这些参数和它们的设置值，以及选择参数设置的基本原则。

输出2：模型。由建模工具产生的实际模型。

输出3：模型描述。描述最终结果模型。生成解释模型的报告，并记下理解其含义会遇到的困难。

4. 主要任务4：评估模型

数据挖掘工程师采用不同的可选技术产生数据挖掘结果，参照评估标准比较全部结果来评价模型。

输出1：模型评估。概述该任务的结果，列出全部建成模型的质量特性以及模型之间的质量等级比较次序。

输出2：修订参数设置。根据模型评估，修订参数设置并调整其值以完成下轮建立模型的任务。在文档中记录下所有这些修订和评估。

（五）模型评价阶段

该阶段对模型评价主要依据是对商业目标实现程度，从商业视角发现模型的不足，如

图 2 – 8 所示。

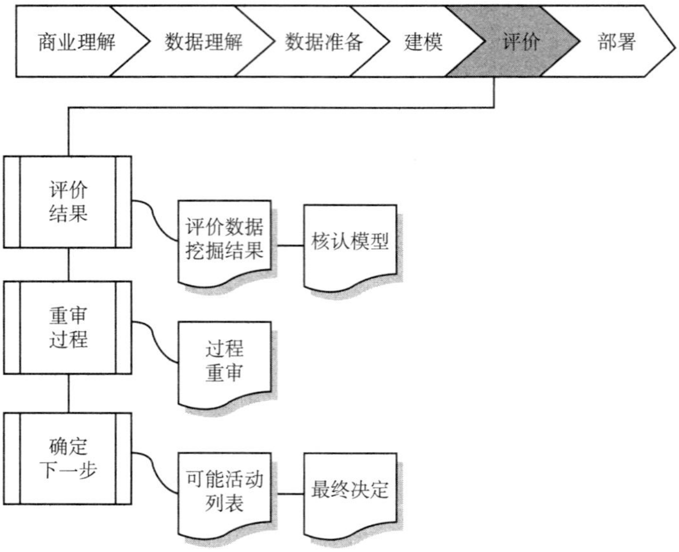

图 2 – 8　模型评价阶段

1. 主要任务 1：评价结果

该任务评价模式适合商业目标的程度，也评价其他与商业目标并不相关的数据挖掘的结果，能为将来揭示一些难以预测的困难、信息、暗示。

输出 1：评价数据挖掘结果。使用商业成功标准术语概述结果的评价，包括一个项目是否已满足既定商业目标的最终声明。

输出 2：核认模型。有关商业成功标准的模型评价之后，满足给定标准的建成模型成为被核准认可的模型。

2. 主要任务 2：重审过程

根据数据挖掘项目目标做一个全面的重审，以确定是否有任何重要因素或任务被忽略。同时，重审也涉及一些质量确认问题。

输出 1：过程重审。概述过程重审并特别注明被忽略的活动和/或应该重复的活动。

3. 主要任务 3：确定下一步

根据评价的结果和过程重审，要确定项目这个阶段如何推进，需要决定是结束并适时进入部署阶段还是继续重复前面步骤或者创建新的数据挖掘项目。该任务也包括了对影响决策的遗留资源和预算的分析。

输出 1：可能活动列表。列出潜在的进一步活动，并给出每个支持和反对的理由。

输出 2：最终决定。描述有关如何合理推进的最终决定。

（六）模型部署阶段

模型部署阶段又称为模型发布阶段，建立模型本身并不是数据挖掘的目标，虽然模型使数据背后隐藏的信息和知识显现出来，但数据挖掘的根本目标是将信息和知识以某种方式组织和呈现出来，并用来改善运营和提高效率。

完成模型创建并不意味着项目结束。模型建立并经验证后，有两种主要的使用方法。一种是提供给分析人员做参考，由分析人员通过查看和分析这个模型后提出行动方案建议；另一种是把此模型开发并部署到实际的业务系统中。在部署模型后，还要不断监控它的效果，并不断改进之，如图 2－9 所示。

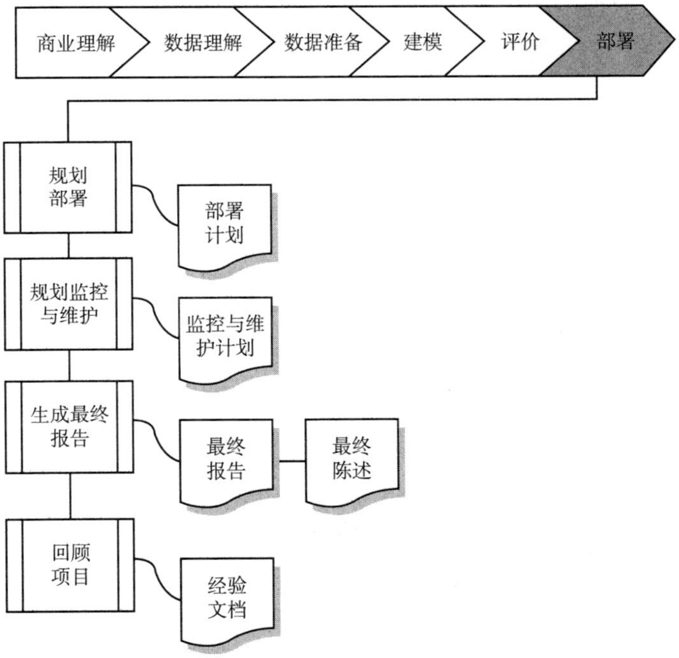

图 2－9　模型部署阶段

1. 主要任务 1：规划部署

为了把数据挖掘模型部署到商业环境中，本任务利用评估结果给出模型部署的策略。

输出 1：部署计划。概述部署策略，包括必要的步骤及如何执行这些步骤。

2. 主要任务 2：规划监控与维护

为了监控数据挖掘结果的部署，项目需要一个详细计划来监控过程。该计划需要考虑部署的具体类型。

输出 1：监控与维护计划。概述监控和维护策略，包括必要的步骤和如何执行这些步骤。

3. 主要任务3：生成最终报告

根据部署计划，这份报告可以仅对项目和其经历进行概述，也可以是一份最终的对数据挖掘结果全面展示的报告。

输出1：最终报告。这是一份关于数据挖掘项目的最终书面报告，包括可交付的成果和描述以及结果组织。

输出2：最终陈述。召开一个关于项目总结的会议，把项目数据挖掘结果进行陈述。

4. 主要任务4：回顾项目

回顾项目，评价项目过程中成功和可改进之处。

输出1：经验文档。描述项目期间获得的重要经验。

在CRISP－DM模型应用中，需要注意模型中的6个步骤并非完全按照特定的顺序来执行，而是要针对不同的应用环境和实际情况做出必要的调整。例如，数据准备通常在建模之前进行，但在建模阶段所做的决策以及所收集的信息通常又会给项目成员一些反馈，并引导他们重新考虑数据准备阶段的部分，如此一来可能会出现新的建模问题。这两个阶段互相反馈，直到两个阶段都得以充分解决。与之相似，评估过程可能会引导项目成员重新评估最初的商业理解，这时，可能会修正此前的商业理解，并制定一个更好的目标，然后重新进行该过程的其余部分。

第三节

结构化思维方法

在大数据时代，要成为“懂得大数据，用好大数据”的专业人士，不仅要学习和掌握运用大数据的相关技能和工具，而且更需要具备与“数字化”和“数据为中心”相匹配的结构化思维方式，全面完整地对问题进行系统思考和解决，在此基础上提出基于数据的解决方案，以更好地挖掘和发现大数据价值应用场景，并充分运用大数据开展数字化决策。

一、结构化思维方法概述

结构化思维指从整体思考到局部，是一种层级分明的思考模式。简单来说就是借用一些思维框架来辅助思考，将碎片化的信息进行系统化的思考和处理，从而扩大思维的层次，更全面地思考。没有结构化的思维是零散混乱无条理的想法集合，而结构化思维是一个有条理有层次、脉络清晰的思考路径，如图 2－10 所示。大数据时代，数据和信息都是冗余的且碎片化的，如果没有结构化思维，过多的数据或信息反而会干扰分析结果，如果有了结构化思维，就能够建立起自己的知识体系，对对象和问题做全面完整的思考，拓宽解决问题的视野，把数据或信息整合到自己的知识体系中，进而拓展思维的深度和广度。

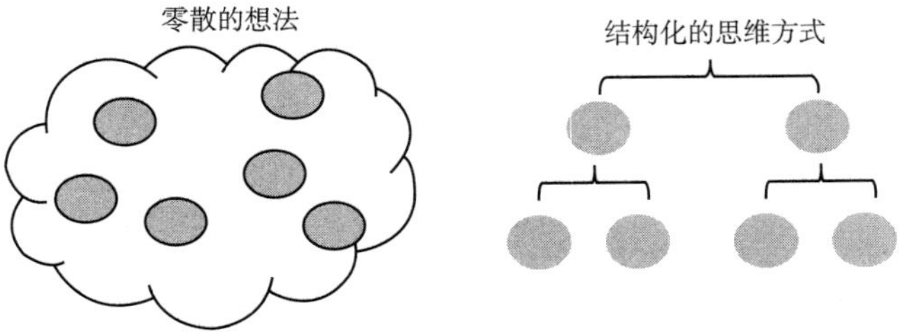

图 2－10　零散想法与结构化思维方式

结构化思维的核心在于对问题进行正确的界定的基础上，进行科学的分类，并对重点环节加以解决。结构化思维在应用过程中是以假设为基础的，通过一系列的假设和提问，来探究问题产生的可能性，并针对具体的可能寻求相应的素材，并通过一系列严谨的逻辑分析来达到目标。

一般而言，研究问题的方法遵循 3 个步骤，分别是提假设、摆事实、重结构。研究问题须以目标为导向，以假设为前提，以事实为依据，通过分类，确定关键维度，进行对比分析。其中，假设是对问题解决办法和问题产生因素的一种估计，是人们进行思考的前提。事实指用来论证假设、提出问题解决方向的一种依据，包括企业的管理现状、数据和外部的案例等。论证是指对假设和解决方案的分析、验证的过程，主要采用先分类、再对比的方法进行论证。

结构化思维在应用过程中有 3 个基本原则，分别是以终为始原则、分类原则和突出重点原则。

（1）以终为始原则。首先分析做事的目标，然后再根据这个目标倒推应该做哪些工作或任务。以终为始的原则让我们做任何一件事情都必须是为着达成一定目标的，这样才能保证在分析论证过程中的有效率、有效果。

（2）分类原则。分类是根据对象的异同点将对象区分为不同的种类，并且形成有一定关系的不同等级的逻辑方法。人们对事物的认识总是从现象到本质，因而分类也有一个从现象分类到本质分类的过程。其中，现象分类，是根据事物的外部特征或外部现象进行分类，这种分类具有人的主观性。这种分类的关键在于对分类标准的认同。本质分类是根据事物的本来面目，从实物的本质特征和内部联系进行分类。这种分类的关键在于找到合适的属性来表述。

在归类分组中，将一个整体的论点划分为不同部分时，需要运用 MECE 法则。MECE 法则也称 MECE 分析法（MECE，Mutually Exclusive Collectively Exhaustive），意为“彼此独立，完全穷尽”，也就是不重复和不遗漏，是麦肯锡咨询顾问芭芭拉·明托在《金字塔原理》中提出的一个思考工具。采用 MECE 法则，一方面使同一组中的思想不存在重合，保证了不会做无用功，提高思考的效率；另一方面使同一组中的思想不遗漏，保证了思维的严谨性，提高思考的质量。

（3）突出重点原则。管理实践中存在着这样的经验规律，在众多问题成因或解决问题影响因素中，起决定性作用的往往是少数，而起辅助性作用的因素则占多数，这被称为“关键少数、一般多数”法则，按习惯简称“80/20 法则”。分析和界定问题，当确定关键子问题的时候要采用 80/20 法则。

结构化思维在应用过程中主要有两种工具，分别是逻辑树、鱼骨图。

（1）逻辑树分析方法。逻辑树可以将复杂问题拆解为若干个简单的子问题，然后像树枝那样逐步展开。当遇到一个复杂的问题不知道怎么解决时，就可以将这个复杂的问题拆解为一个个可以解决的子问题。当每一个子问题解决了之后，复杂问题也就得以解决，如图 2－11 所示。

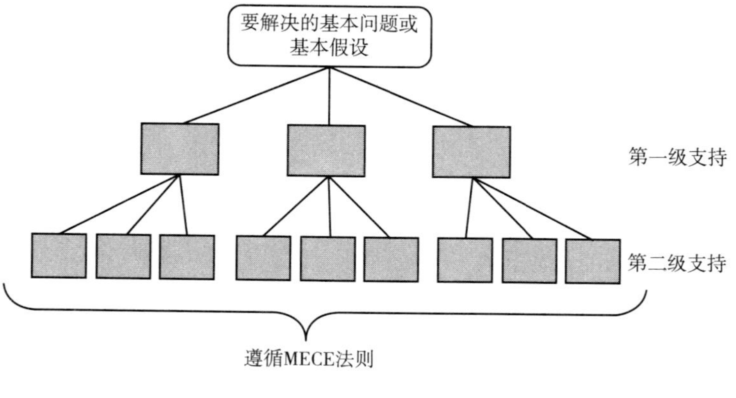

图 2－11　逻辑树分析方法

（2）鱼骨图分析方法。这是一种发现问题“根本原因”的方法。该方法的特点是简捷实用，深入直观。它看上去有些像鱼骨，问题或缺陷（即后果）标在“鱼头”外。在鱼骨上长出鱼刺，上面按出现机会多与少列出产生生产问题的可能原因，有助于说明各个原因之间如何相互影响。问题的特性总是受到一些因素的影响，可以通过头脑风暴法找出这些因素，并将它们与特性值一起，按相互关联性整理得层次分明、条理清楚，并标出重要因素，就形成了鱼骨图，如图 2－12 所示。

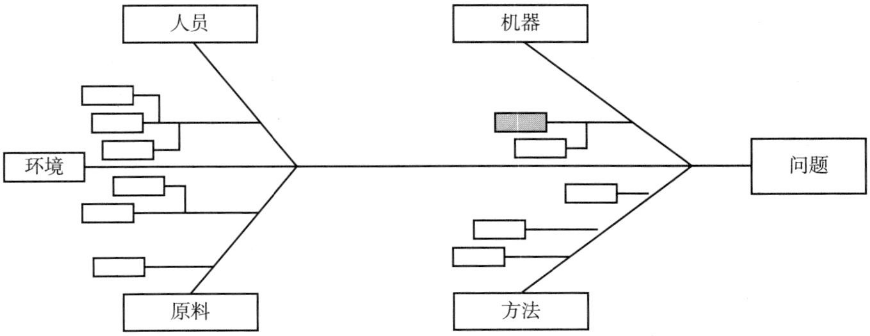

图 2－12　鱼骨图分析方法

鱼骨图是通过整理问题与它的原因的层次来标明关系，因此，能很好地描述定性问题。应用鱼骨图来发现导致问题的重要因素一般遵循以下几个步骤：第一，发现、探究和显示某一具体问题或状况的可能原因；第二，分析讨论问题的根源；第三，分析讨论找出哪些是重要因素；第四，分析讨论哪些重要因素是可以改变的；第五，围绕工作目标，决定想解决该问题的哪些“原因”或动因。为确保正确做出鱼骨图，要避免工作组成员将原因、现象、对策互相混淆，并保证鱼骨图层次清晰。

二、基于结构化思维方法的问题分析

运用大数据解决业务问题实现商业目标，界定清晰的业务问题和数据问题，是大数据项目实施成功的重要因素之一。运用结构化思维方法进行关键问题分析和发现需要 4 个步骤：界定问题和目标、给出假设和分类、明晰关键和交叉分析。

（一）第一步：界定问题和目标

横向厘清问题的范畴，纵向厘清问题的脉络。需要对问题现状、目标、解决问题的资源和限制条件逐一进行分析。针对问题现状，分析发生情况和目前状况如何；针对目标，分析谁来确定目标，评价标准是什么，重点关心什么，需要解决什么问题；针对资源，需要分析拥有哪些资源，包括时间、人员和成本，还需要分析解决问题的限制条件。

建立问题解决和评价的标准包括客观角度和主观角度。

（1）建立客观标准，包括：

◆谁来评价这个问题已经解决了？

◆有哪些指标说明这个问题已经得到解决了？

◆对资源有什么要求吗？

◆有时间要求吗？

◆有成本方面的要求吗？

（2）建立主观标准，包括：

◆我们希望问题解决到什么程度？

◆我们是否能够快速地把问题解决？

◆解决问题有什么风险和成本？

◆我们是否能够承受这些风险和成本？

该阶段应用以终为始原则，运用鱼骨图分析问题现状，分解阶段性、重要性工作目标，转换分析目标，明晰目标的关联性。

（二）第二步：给出假设和分类

该阶段的主要工作是对问题进行分解，问题分解是最能体现项目团队工作效率和工作成果的一个环节，通过不断的提问和回答来穷尽分析问题的主要维度，通过建立严谨的逻辑树来分析问题的主要议题，问题分解的结果是通过逻辑树把假设进行梳理和分类。

需要找出事情发生的内在逻辑，对问题分析分类。有 3 个逻辑顺序可供选择，分别是：时间顺序、空间顺序、重要性顺序。时间顺序，就是按照事情发生的先后进行问题的分析。空间顺序也是结构顺序，比如按照地域分是北京、上海、南京，或者按照部门分为市场部、研发部、技术部等，这都是按照空间来划分。重要性顺序则是根据事情的轻重缓急、重要性来划分。

该阶段的分析方法可采用 5W2H 分析框架。谁（Who）：识别并确认客户或用户；什么（What）：用定性和定量的语言描述并确定问题；何时（When）：说明问题首次出现或经常发生的时间；何地（Where）：说明在产品部位或工作流程的环节；为何（Why）：说明根本原因来定义；如何（How）：查明原因；多少（How much）：分析成本与浪费、时间等。

该阶段的主要任务包括根据经验、创意来提出假设；对提出的假设、方案进行评估，把具有相关性的主题汇总到一起；构建逻辑树，构建每个分组内要素之间的主次关系；检查构建的逻辑树是否满足 MECE 法则。

（三）第三步：明晰关键

这就是找到关键的主要分析维度，并对问题的根源进行深入分析。该阶段的主要任务包括合理性检验、剪枝和聚焦。其中合理性检验是要发现那些看起来是不合理的、没有办法落实、可能最小的假设。剪枝是去掉非关键因素，把那些暂时可以不用考虑的因素移除。聚焦是形成分析的主维度，该主维度能确定分析的主要方向。

主维度的分析确定方法包括深入提问法、专家/经验法、试错法和比较法等。

（四）第四步：交叉分析

以主维度为突破方向，把主维度作为切分和对比的分类，综合考虑其他方面，再用其他维度进行对比分析。主要的分析和呈现工具是表格和矩阵，见表 2－1。

表 2－1　　交叉分析结果表

WHAT	WHEN	WHO	HOW

该阶段的主要任务包括确定分析主维度、交叉对比分析和确定方案的优先级。其中，确定分析主维度是从时间、要素、对象来判断和选择一个主要分析维度；交叉对比分析是将主维度作为图表的第一列，选择 3—5 个其他维度，进行交叉对比；确定方案的优先级是分析提出的建议或方案的优先级，需要先对选择标准形成共识且图形化呈现。

第四节

数据分析问题类型及主要建模技术

通常，各类组织应用大数据来解决某一商业问题或公共管理问题，在其大数据项目实施过程中，这些商业问题或公共管理问题将会被识别细化为多个数据分析问题，而一组不同的问题类型合在一起共同解决商业问题或公共管理问题。基于大数据应用实践，主要有数据描述和总结、聚类、概念描述、分类、预测、关联分析这 6 种数据分析问题类型，这 6 类数据分析问题应用数据建模技术也有所不同。

一、数据分析问题类型 I：数据描述和总结

数据描述和总结是用个体和汇总形式精炼描述数据的特征。它为用户提供了有关数据结构的总视图。这种类型的问题处于数据分析问题等级的底层。

一般而言，数据描述和总结都是数据分析项目过程的一个子目标，通常出现在项目的早期阶段。在数据挖掘过程的开始，用户常常不知道分析的精准目标，也不知道数据的确切性质。最初的数据探索分析有助于理解数据性质和发现隐含信息的可能假设。例如，客户年龄和居住地的分布给出了客户类型信息。

数据描述和总结通常与其他数据分析问题类型组合在一起。例如，数据描述引入数据中值得关注的聚类假设。一旦聚类被识别和定义好，对这个聚类的描述和总结就更有价值。因而，在开始解决其他数据分析问题类型之前，先开展数据描述和总结。数据描述和总结是作为本书第二章第二节介绍的 CRISP－DM 模型中的数据理解阶段的任务。

简单描述性统计、可视化技术如 OLAP 和 EIS 等技术工具都提供了数据描述和总结所需的实现功能，但无法提供更高级的建模功能。

二、问题数据分析问题类型Ⅱ：聚类

聚类是把数据分割为有意义且值得关注的子集或类。一个子集内的所有成员表现出相同特征。例如，在投资者理财行为分析中，可以依据用户购买的理财产品类型、数量和投资额来定义投资者的投资行为偏好和特征。

聚类通常是解决数据分析其他问题类型的一个必须步骤。数据分析师基于先验知识或数据描述和总结的结果对商业问题提出某些分组的设想，将本身没有类别的样本聚集成不同的组，这样的一组数据对象的集合叫作簇，并且对每一个这样的簇进行描述的过程。它的目的旨在发现空间实体的属性间的函数关系，使得属于同一个簇的样本之间应该彼此相似，而不同簇的样本应该足够不相似，以控制可管理数据的规模或找到容易分析的同质数据子集。

聚类技术、神经网络和可视化技术常用于数据聚类分析，不同的聚类分析技术有各自的特点。在实际应用中应该根据具体业务和数据问题进行分析，选择使用或设计最适合的聚类分析技术。

三、数据分析问题类型Ⅲ：概念描述

概念描述就是对某类对象的内涵进行描述，并概括这类对象的有关特征。因此，概念描述的目标不是构建一个高准确度的预测模型，而是获得一个概观。例如，公司希望了解高价值和低价值的客户，从这些概念（高价值和低价值客户）的描述中，公司就可以推断采取哪些措施可以维系高价值客户或把低价值客户转换为高价值客户。

概念描述与聚类和分类关系紧密。比如，聚类可得到并枚举出对象属于某个概念或类。一般在概念描述之前要执行对数据的聚类分析。

概念描述分为特征性描述和区别性描述，前者描述某类对象的共同特征，后者描述不同类对象之间的区别。生成一个类的特征性描述只涉及该类对象中所有对象的共性，适合的技术包括规则归纳方法和概念聚类。生成区别性描述的技术方法很多，如决策树方法、遗传算法等。

四、数据分析问题类型Ⅳ：分类

分类是假设有一组对象集合，具有某些属性或特征标识，每个对象属于不同的类。类标签对某个对象而言是确定的。分类的目标是建立分类模型或分类器，为未知和未加标签的对象分配类标签。分类模型也常用于预测模型。类标签可以预先给定，如由用户定义或从聚类分析中获得。一般而言，建立好了分类模型，聚类就能提供类标签或限制数据集。

分类是最重要的数据分析问题类型之一，在各种领域得到广泛应用，许多数据分析和挖掘问题都可以转换为分类问题。例如，通过信用卡积分以评估新客户的信用风险，转换为分类问题则是建立信用好的客户和信用差的客户两个类。一个分类模型可以根据现有客户数据及其信用行为来建立。这个可接受客户的信用风险分类模型用于区分新客户的信用好还是信用差，再决定是接受其信用卡申请还是拒绝。

因为分类模型揭示和阐明属性间的关联，反映同类事物共同性质的特征性知识和不同事物之间的差异性特征知识，与聚类分析有关。但聚类和分类并不相同，聚类是根据“物以类聚”原理，与分类规则不同，进行聚类前并不知道将要划分成几个组和什么样的组，也不知道根据哪些空间区分规则来定义组。

分类问题常采用的技术包括差别分析、规则归纳方法、决策树学习、神经网络、K近邻、基于实例的推理和遗传算法等。

五、数据分析问题类型Ⅴ：预测

预测是确定新对象的目标属性数值，其目标属性（类）是连续属性。预测根据时间序列型数据，由历史的和当前的数据去推测未来的数据，也可以认为是以时间为关键属性的关联知识。

数据挖掘自动在大型数据库中寻找预测性信息，以往需要进行大量手工分析的问题如今可以迅速地直接由数据本身得出结论。预测是通过训练集建立预测属性的函数模型，在模型通过检验后进行预测或控制。当人们发现现有的预测模型不再适用于当前数据时，对模型重新训练，获得新的权重参数，建立新的模型进行预测。一个典型的例子是市场预测问题，数据挖掘使用过去有关营销的数据来寻找未来投资中回报最大的用户，其他可预测的问题包括预测破产以及预测对指定事件最可能作出反应的群体。

目前，预测的技术方法有经典的统计方法、神经网络、遗传算法和机器学习等。预测技术的发展方向是人工智能，实现核心建模功能自动化。

六、数据分析问题类型Ⅵ：关联分析

关联分析包含建立描述数据项目或事件之间有意义的关联的模型，反映一个事件和其他事件之间依赖或关联的知识。如果两项或多项属性之间存在关联，那么其中一项的属性值就可以依据其他属性值进行预测。关联可分为简单关联、时序关联、因果关联。关联分析的典型应用场景是购物篮分析，比如“在30%的购买中，啤酒和花生在一起被买”的规则就是典型关联例子。

关联分析与预测和分类紧密联系，在给定其他数据项目信息情况下，关联性可用于预测建模，来预测数据项目的值。在实际应用中，关联分析常与聚类同时进行，因为大数据集的关联性是隐含在数据中的，在数据聚类分析基础上执行关联分析更具可行性。

目前，适用于关联分析的技术有相关分析、回归分析、关联规则、贝叶斯网络、归纳逻辑规划和可视化技术。其中，最为著名的关联规则发现方法是R. Agrawal提出的Apriori算法。例如，对银行的各类理财产品数据使用关联规则算法，银行能发现关联性较强的产品，进而设计有针对性的关联营销策略，可有效提高银行业绩。

本章复习题

1. 你如何认识大数据思维创新？
2. 举例说明伞型大数据创新思维方法构成要素和关系。
3. 举例说明CRISP－DM模型的阶段任务和主要输出。
4. 举例说明如何应用结构化思维方法界定和分析问题。
5. 举例说明数据分析问题类型特点。
6. 详细解释主要建模技术如何对某一类数据分析问题开展数据分析。

第三章 面向企业的数据管理能力评估方法：数据管理能力成熟度评估

【本章重要知识点】

1. 数据作为一种资产的特殊形式，对于企业生存和发展有着重要意义，具有独特的价值，将在未来的企业竞争中发挥越来越大的作用。

2. 企业开展数据管理能力评估的必要性和基本方法，主要的数据管理能力评估模型有2014年全国信息技术标准化技术委员会提出的数据管理能力成熟度评估模型以及其他国外模型。

3. 2014年全国信息技术标准化技术委员会提出的数据管理能力成熟度评估模型，涉及的能力域、能力项和主要的能力等级及其特征表现。其中，共有8个能力域、28个能力项和5个管理能力层级。

4. 国外主要的数据管理成熟度相关模型。

5. 国内外主流企业组织数据管理能力评估模型的对比分析。

第一节

企业数据管理能力评估重要性

伴随着信息技术的不断进步，各行各业都开始意识到数据在生产经营中的重要作用和潜在价值。数据能够作为一项特殊的资产存在，已经为越来越多的组织机构所认可。国务院早在 2015 年 8 月就印发《促进大数据发展行动纲要》，指出大数据已成为推动经济转型发展的新动力，能够持续激发商业模式创新并不断催生新兴业态，是政府、企事业单位促进业务创新增值、提升自身核心价值的重要驱动力。如何认识和使用大数据，在不同行业和应用场景中最大化发挥大数据价值并保证数据安全成为一项重要课题。

对于企业经营来讲，数据的价值和意义主要体现在以下几方面：首先，原始数据信息和企业经过加工处理得到的数据分析结果会成为企业的一项资产。原始数据通过加工处理可以得到企业所需要的各类相关信息，这些信息又能够进一步辅助企业管理者开展决策工作，从而创造经济效益。其次，数据有助于优化企业的运营管理流程。通过对企业经营相关的数据进行分析，使用者可以了解当前企业的资源是如何进行分配的以及其业务流程是否合理，在此基础上可以开展管理流程的优化调整工作。再次，数据还将有助于开展成本核算和收入分析工作。通过进行一段时期的成本和收入数据对比，企业可以发现各类成本或收入增长、减少的具体原因，识别哪些商品或服务应当继续提供、哪些应当尽快停止并将其淘汰。最后，数据还可以帮助企业发现新的业务机会。针对用户开展大数据分析，有助于识别用户的特征属性，将用户根据其行为表现进行分类。这一方面有助于开展针对性的工作，找到对于企业来说挽留价值高且挽留成本低的用户群体，提升企业的整体效益；另一方面，通过用户分类，企业还可以识别出不同类别用户的业务诉求，可能产生新的业务种类，最终成为企业利润增长的新来源。

数据对于企业发展来说至关重要，企业需要掌握数据取得、数据存储、数据处理、数据分析和数据共享等相关的大数据技术，从而实现数据资产的有效管理和使用。当前中国大数据应用的现状是不同行业中差异较大，不同的企业之间也存在着明显区别。因此，建立有效且广泛适用的数据管理评价方法，从不同阶段和角度对数据管理进行规范化描述和分级，将更好地促进大数据和相关技术在不同行业和企业间的应用。企业可以根据自身对于数据资产管理的现状，对标相应的评价指标，找到自身的数据管理层级定位，并根据相应模型开展进一步的提升工作，在更大程度上利用好大数据技术，将数据管理真正融入企业发展当中，实现数据资产的变现。

第二节

中国的数据管理能力成熟度评估模型（DCMM）

为规范国内各行业的数据管理和应用工作，提升数据管理和应用能力，全国信息技术标准化技术委员会于2014年会启动了《数据管理能力成熟度评估模型》（Data Management Capability Maturity Assessment Model，DCMM）的制定工作，并将其作为一项国家标准（标准号：GB/T 36073－2018）。该标准于2018年3月15日发布，2018年10月1日正式实施。DCMM由中国电子技术标准化研究院牵头，中国人民大学、清华大学、建设银行、光大银行、华为、御数坊、阿里巴巴等单位共同起草，在制定过程中充分汲取了国内先进行业大数据应用管理的发展经验，结合了国际数据管理协会发布的《数据管理知识体系指南DMBOK》等相关国际标准的内容。

DCMM是一个整合了标准规范、管理方法论和评估模型等多方面内容的综合性框架，目标是提供一个能够进行组织机构全方位数据管理能力评估的模型。在DCMM模型设计中，共有8个能力域（见图3－1）：数据战略、数据治理、数据架构、数据应用、数据安全、数据质量、数据标准、数据生命周期。

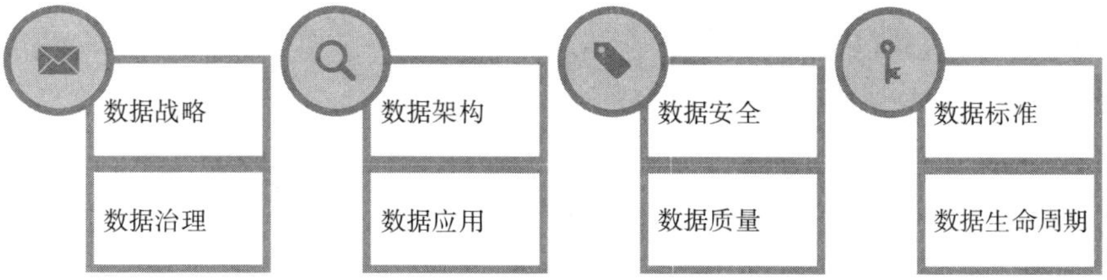

图3－1　DCMM能力域

一、DCMM模型的数据管理能力成熟度等级和特征

根据DCMM模型，把企业的数据管理能力成熟度评估等级划分为5个等级，分别是初始级、受管理级、稳健级、量化管理级和优化级（见图3－2）。其中，每个等级企业数据管理的情况概述和具体特征表现如下：

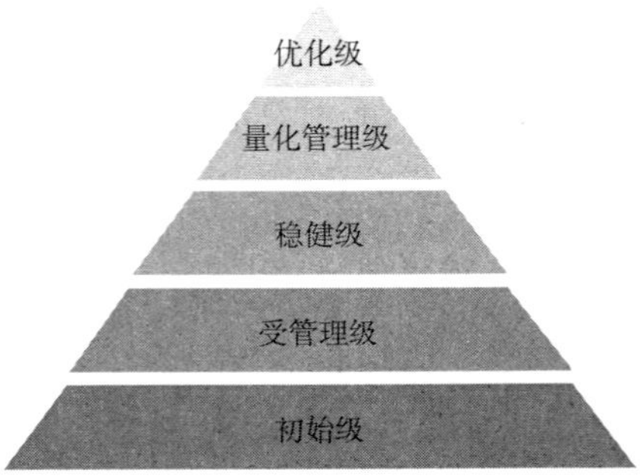

图 3－2　DCMM 数据能力等级分布

（一）初始级

在初始级下，企业对于数据需求的管理主要体现在项目级，企业还没有统一的数据管理流程，主要是采用被动式管理，只在面临实际的项目或业务需要时才开展数据管理工作，而非提前做好规划定期实行主动管理。初始级的具体特征如下：

1. 企业在制定战略决策时，未获得充分的数据支持，企业并没有把数据作为一项关键的资产来看待，尚未形成从战略层面重视数据资产、管理数据资产的意识。

2. 企业没有正式的数据规划、数据架构设计、数据管理组织和流程等，企业内部没有统一的数据管理规定，不能形成自上而下的数据管理意识和准则。

3. 企业各个业务系统各自管理自己的数据，各系统之间的数据存在不一致现象，企业并未意识到从整体层面开展数据管理工作和提升数据质量的重要性。

4. 企业的数据管理仅根据项目实施的周期进行，属于短期性质的数据管理行为，无法持续地开展数据管理工作，也很难计算出数据管理和数据维护工作的成本。

（二）受管理级

企业已经意识到数据是一种资产的表现形式，并根据自身管理策略的要求制定了有关的数据管理流程，指定了相关人员对现有数据进行初步管理。在这一阶段，企业管理者开始有了主动进行数据管理工作的意识。受管理级的具体特征如下：

1. 企业意识到数据作为一种资产的重要性，并制定了部分企业内部数据管理规范，开始设置了有关数据管理工作的相关业务岗位。

2. 企业开始意识到数据质量和数据孤岛是一个重要的数据管理问题，但目前还没有找到解决该问题的具体办法。

3. 企业进行了初步的数据集成工作，尝试整合各个业务系统的数据，设计了相关数据模型和管理岗位，希望能够从整体层面上开展数据综合管理工作。

4. 企业开始进行了一些重要数据的文档保存和备份管理工作，针对重要数据的安全性和风险防范等问题设计了相关管理的措施以防数据丢失或被恶意入侵。

（三）稳健级

在稳健级下，数据已被当作实现企业组织绩效目标的重要资产，在企业层面已经制定了成系列的标准化数据管理流程，以促进数据管理工作的规范化、提高数据管理和数据使用的效益。稳健级的具体特征如下：

1. 企业已经意识到了数据的价值，并在企业组织内部建立了针对数据管理的业务规章和制度。

2. 企业对于数据的管理以及应用工作能够结合企业自身的业务发展战略、企业经营管理需求以及外部监管部门的监管要求。

3. 企业建立了相关的数据管理组织和管理流程，且相关的组织和流程设计能够在实际中推动组织内各部门按照流程开展工作。

4. 企业在日常的决策制定和业务开展过程中能获取数据支持，并通过数据分析和利用工作明显提升了工作效率。

5. 企业参与行业中的数据管理相关培训，具备专业的数据管理人员。

（四）量化管理级

数据被认为是企业获取竞争优势的重要资源之一，企业开展数据管理工作的效率已经可以进行量化分析和监控，实现数据资产价值的定量评估。量化管理级的具体特征如下：

1. 企业管理层层面认识到数据是企业组织的战略资产，了解了数据在内部流程优化、绩效提升等方面的重要作用。

2. 企业在组织层面上建立了可量化的评估指标体系，可准确测量数据管理流程的效率并及时开展优化工作。

3. 企业有机会和能力参与到国家、行业等相关标准的制定工作中去。

4. 企业组织内部定期开展数据管理、应用相关的培训工作，积极为员工提供数据管理能力提升的机会。

5. 企业在自身数据管理和应用的过程中充分借鉴了行业中的最佳案例以及国家标准、行业标准等外部资源，不断促进本身的数据管理、应用能力的提升。

（五）优化级

数据已被认为是企业生存和发展的基础，企业相关的数据管理流程能够得到及时优化，企业能在行业内针对数据管理工作进行最佳实践分享。优化级的具体特征如下：

1. 企业将数据和大数据有关技术作为自身的核心竞争力，旨在利用数据创造出更多的价值和提升组织效率，将数据管理融入企业运行的每一部分中去。

2. 企业能主导国家、行业等相关标准的制定工作。

3. 企业能将自身在数据管理能力建设方面的经验作为行业最佳案例进行推广。

以上 5 个不同层级的数据管理能力评估等级，分别从不同方面列示了每一等级下的企业在数据管理方面的典型特征。任何一家现实中的企业都可以对自身的数据管理现状开展自我评估工作，结合自身在数据管理实践中的具体情况，逐一比对上述 5 个层级特征，对自身的数据管理层级做出判断。一方面，5 个等级的数据管理能力层级为企业识别和判断自身的数据管理现状提供了标准，方便不同企业之间开展对比；另一方面，上述数据管理能力层级也为企业未来的数据管理能力建设指明了方向。企业在识别自身等级的基础上，可以进一步找到自身状况和下一等级标准之间的差异，进而开展相应方面的提升改进工作，不断提高数据管理能力、发挥数据价值。

需要特别说明的一点是，上述 5 个数据管理能力层级在企业实践中并非是完全割裂开来的，而是随着企业自身数据管理能力的提高不断逐层晋升的，具有渐进性。初创期的企业往往很难有时间和精力去关注数据管理工作，但随着企业的发展壮大，数据作为资产的价值就会逐步得到体现并不断提高，企业也会开始增加在数据管理方面的人力和资金投入，其数据管理能力也就在这一过程中得到了潜在提升。企业管理者应当正确认识到这一问题，要在日常经营管理当中关注数据管理，而非不重过程只要结果的一味追求等级高低。只有通过长时期的数据管理工作积累和数据管理业务团队建设，企业才有可能逐层提升并最终达到较高的层级。

二、DCMM 的 8 个能力域及不同等级能力特征

根据前面章节已经介绍的内容，DCMM 数据管理能力成熟度评估模型共定义了数据战略、数据治理、数据架构、数据应用、数据安全、数据质量、数据标准和数据生命周期这 8 个能力域，并在此基础上给出了总体的数据管理能力成熟度评估模型和前述的 5 个成熟度等级，从而用于对各类组织和机构的数据管理能力成熟度评估。本小节将分别针对这 8 个不同的能力域，从概述和能力等级标准等方面逐一进行介绍，对 DCMM 模型的评估标

准做进一步介绍。

在 DCMM 模型中每个能力域中又进一步划分出不同的能力项，共计 28 个。DCMM 具体描述了每个能力域下不同能力项的建设目标和评级度量标准，可以作为我们开展日常的数据管理工作和数据管理能力评价的参考模型。其中，具体的能力域和能力项如表 3－1 所示。数据战略和数据治理两个能力域分别从与数据相关的企业战略和企业数据治理组织方面开展评估，是企业层面的宏观能力指标；数据架构和数据应用能力域分别从企业数据的具体形式和数据运用现状出发，设计了有关企业所拥有数据和当前数据使用状况的微观能力指标；数据安全、数据质量和数据标准能力域则逐一针对企业如何实现数据的安全、如何确保数据质量水平和是否具备合理的数据管理标准设计了有关能力指标；数据生命周期能力域按照数据产生、使用和消灭的时间顺序设计了相关的能力指标。上述能力域和能力项基本覆盖了有关数据的所有角度，将在评估企业的数据管理能力中提供相对全面且可操作的评估思路，为企业识别和提高自身的数据管理能力提供参考。

表 3－1　DCMM 模型能力域和能力项

能力域	能力项	能力域	能力项
数据战略	数据战略规划	数据应用	数据分析
	数据战略实施		数据开放共享
	数据战略评估		数据服务
数据治理	数据治理组织	数据安全	数据安全策略
	数据制度建设		数据安全管理
	数据治理沟通		数据安全审计
数据架构	数据模型	数据质量	数据质量需求
	数据分布		数据质量检查
	数据集成与共享		数据质量分析
	元数据管理		数据质量提升
数据标准	业务术语	数据生命周期	数据需求
	参考数据和主数据		数据设计和开发
	数据元		数据运维
	指标数据		数据退役

（一）数据战略能力域

数据战略能力域可以进一步划分为数据战略规划、数据战略实施和数据战略评估 3 个主要方面。其中，数据战略规划是在所有利益相关者之间达成共识的结果，从不同层面上确定了开展数据管理及应用的原因；数据战略实施是组织完成数据战略规划并逐渐实现数据职能框架的过程，不断评估数据管理和利用现状与目标愿景之间的差距并制定阶段性目标、确定实施步骤；数据战略评估是指通过建立相应的业务案例和模型，在整个数据战略实施过程中跟踪进度并做好记录用于审计和评估工作。

从能力等级的角度看，数据战略能力域各等级的部分特征如下：

1. 初始级：在项目建设过程中反映了数据管理的目标和范围；在具体项目中反映数据管理的任务、优先级安排等内容；在项目范围内建立数据职能项目和活动的业务案例。

2. 受管理级：识别与数据战略相关的利益相关者；在部门或数据职能领域内，结合实际情况评估关键数据职能与愿景、目标的差距；在单个部门或数据职能领域内，根据业务需求建立了业务案例和任务效益评估模型。

3. 稳健级：制定能反映整个组织业务发展需求的数据战略；针对数据职能任务，建立系统完整的评估准则；在组织范围内，根据标准工作流程和方法建立数据管理和应用的相关业务案例。

4. 量化管理级：对组织数据战略的管理过程进行量化分析并及时优化；可应用量化分析的方式，对数据战略进展情况进行分析；使用统计方法或其他量化方法分析数据管理的成本评估标准。

5. 优化级：数据战略可有效提升企业竞争力；建立并发布数据管理资金预算蓝皮书；在业界分享最佳实践，成为行业标杆。

（二）数据治理能力域

数据治理能力域可以进一步划分为数据治理组织、数据制度建设和数据治理沟通 3 个主要方面。其中，数据治理组织包括组织架构、岗位设置、团队建设、数据责任等内容，是各项数据职能工作开展的基础；数据制度建设是为保障数据管理和数据应用各项功能规范化运行而建立对应的制度化体系并定期开展检查和更新工作；数据治理沟通则旨在确保组织内的全部利益相关者都能够及时了解相关的政策标准、流程角色等最新情况，并建立良好的沟通渠道和协商机制。

从能力等级的角度看，数据治理能力域各等级的部分特征如下：

1. 初始级：在具体项目中体现数据管理和数据应用的岗位、角色及职责；各个项目分别建立数据相关规范或细则；在项目内沟通活动的实施和管理。

2. 受管理级：制定了数据相关的培训计划，但没有制度化；在部分数据职能框架领域建立跨部门的制度管理办法和细则；在单个数据职能域，定义跨部门的数据管理相关的沟通计划，并在利益相关者间达成一致，按计划推动活动开展。

3. 稳健级：管理层负责数据治理工作相关的决策，参与数据管理相关工作；在组织范围内建立制度框架，并制定数据政策；建立组织级的沟通机制，明确不同数据管理活动的沟通路径，满足沟通升级或变更管理要求，在组织范围内发布并监督执行。

4. 量化管理级：建立数据人员的职业晋升路线图，可帮助数据团队人员明确发展目标；数据制度的制定参考了行业最佳实践，体现了业务发展的需要，推动了数据战略的实施；建立与外部组织的沟通机制，扩大沟通范围。

5. 优化级：通过数据治理沟通，建立了良好的企业数据文化，促进了数据在内外部的应用；在业界分享最佳实践，成为行业标杆。

（三）数据架构能力域

数据架构能力域可以进一步划分为数据模型、数据分布、数据集成与共享和元数据管理 4 个主要方面。其中，数据模型是指使用结构化语言将收集到的组织业务经营、管理和决策中涉及的数据需求进行综合分析并按照模型设计规范将其重新组织的过程；数据分布是指要针对组织级数据模型中数据的定义，明确数据在系统、组织和流程等方面的分布关系，并定义数据类型、明确权威数据源；数据集成与共享则指要建立起组织内各个应用系统和部门之间的集成共享机制，通过数据集成共享相关的制度和标准促进组织内部数据互联互通；元数据管理是关于元数据创建、存储、整合与控制等一整套流程的集合。

从能力等级的角度看，数据架构能力域各等级的部分特征如下：

1. 初始级：在应用系统层面编制了数据模型开发和管理的规范；在项目中进行了部分数据分布关系管理，例如数据和功能的关系、数据和流程的关系等；应用系统间通过离线方式进行数据交换；元模型的定义遵循应用系统项目建设需要和工具已有定义。

2. 受管理级：结合组织管理需求，制定了数据模型管理规范；对应用系统数据现状进行了部分梳理，明确了需求和存在的问题；建立了业务部门内部应用系统间公用数据交换服务规范，促进数据间的互联互通；在某个业务领域，对元数据分类并设计每一类元数据的元模型。

3. 稳健级：对组织中应用系统的数据现状进行全面梳理，了解当前存在的问题并提出解决办法；在组织层面制定了统一的数据分布关系管理规范，统一了数据分布关系的表现形式和管理流程；建立组织级的数据集成共享规范，明确了全部数据归属于组织的原则，并统一提供了技术工具的支持；制定了组织级的元数据分类及每一类元数据的范围，设计相应的元模型。

4. 量化管理级：使用组织级数据模型，指导和规划整个组织应用系统的投资、建设和维护；通过数据分布关系的梳理，可量化分析数据相关工作的业务价值；采用行业标准或国家标准的交换规范，实现组织内外应用系统间的数据交换；定义并应用量化指标，衡量元数据管理工作的有效性。

5. 优化级：数据分布关系的管理流程可自动优化，提升管理效率；参与国际、国家或行业相关元数据管理相关标准制定；在业界分享最佳实践，成为行业标杆。

（四）数据应用能力域

数据应用能力域可以进一步划分为数据分析、数据开放共享和数据服务 3 个主要方面。其中，数据分析是对组织各项经营管理活动提供数据决策支持而进行的组织内外部数据分析或挖掘建模工作，将会影响到组织制定决策和创造价值的方式；数据开放共享指按照统一的管理策略对组织内部数据进行有选择的对外开放和外部数据引入工作；数据服务主要通过对组织内外部数据的统一加工和分析，以数据分析结果的形式对外提供跨领域和跨行业的数据服务。

从能力等级的角度看，数据应用能力域各等级的部分特征如下：

1. 初始级：在项目层面开展常规报表分析，数据接口开发；按照数据需求进行了点对点的数据开放共享；根据外部用户的请求进行了针对性的数据服务定制开发。

2. 受管理级：各业务部门根据自身需求制定了数据分析应用的管理办法；在部门层面制定了数据开放共享策略，用以指导本部门数据的开放和共享；对数据服务的表现形式进行了统一的要求。

3. 稳健级：在组织级层面建设统一报表平台，整合报表资源，支持跨部门及部门内部的常规报表分析和数据接口开发；在组织层面制定了开放共享数据目录，方便外部用户浏览、查询已开放和共享的数据；在组织层面制定了数据服务目录，方便外部用户浏览、查询已具备的数据服务。

4. 量化管理级：建立了常用数据分析模型库，支持业务人员快速进行数据探索和分析；定期评审开放数据的安全、质量，消除相关风险；与外部相关方合作，共同探索、开发数据产品，形成数据服务产业链。

5. 优化级：能推动自身技术创新；通过数据开放共享创造更大的社会价值，同时促进组织竞争力的提升；业界分享最佳实践，成为行业标杆。

（五）数据安全能力域

数据安全能力域可以进一步划分为数据安全策略、数据安全管理、数据安全审计 3 个主要方面。其中，数据安全策略是数据安全的核心内容，是结合组织管理需求、监管需求等标准统一制定的整体化安全策略；数据安全管理是指通过数据访问授权、分级分类控制和访问监控等方法进行的数据安全管理工作；数据安全审计是一项控制活动，主要用于定期分析、验证、讨论和改进数据安全管理相关政策、标准和活动等内容。

从能力等级的角度看，数据安全能力域各等级的部分特征如下：

1. 初始级：在项目中设置了数据安全标准与策略，并在文档中进行了描述；在项目中进行了数据访问授权和数据安全监控；与组织信息化安全审计合并进行，没有独立的数据安全设计。

2. 受管理级：业务部门内部建立了数据安全标准、管理策略和管理流程；依据数据安全标准在业务部门内部对数据进行安全等级的划分；检查数据安全管理标准与策略是否能满足各业务部门数据安全管理的需要。

3. 稳健级：建立组织统一的数据安全标准以及策略并正式发布；组织对数据进行了全面的安全等级划分，每级数据的安全需求能清晰定义，安全需求的责任部门明确；在组织层面统一了数据安全审计的流程、相关文档模板和规范，并征求了利益相关者的意见。

4. 量化管理级：数据安全标准和策略的制定能符合国家标准或行业标准的相关规定；定义了数据安全管理的考核指标和考核办法，并定期进行相关的考核；内部审计和外部审计相结合，协同推动数据安全工作的开展。

5. 优化级：参与数据安全相关国家标准的制定；能主动预防数据安全风险，并对已发生的数据安全问题进行溯源和分析；数据安全审计是组织审计工作的重要组成，数据安全审计能推动数据安全标准和策略的优化及实施。

（六）数据质量能力域

数据质量能力域可以进一步划分为数据质量需求、数据质量检查、数据质量分析和数据质量提升 4 个主要方面。其中，数据质量需求明确了数据质量目标和用于衡量数据质量的规则，包括衡量数据质量的技术指标、业务指标及相应的校验规则与方法；数据质量检查是根据数据质量规则的有关指标和方法进行数据质量实时监控和问题发现与反馈的过程；数据质量分析是对数据质量检查过程中发现的数据质量问题及相关信息进行分析并找出影响其质量的原因的过程；数据质量提升是根据数据质量分析结果制定并实施改进方案，同时着手开展数据质量问题预防工作的过程。

从能力等级的角度看，数据质量能力域各等级的部分特征如下：

1. 初始级：在项目中分析了数据质量的管理需求，并进行了相关的管理；基于出现的数据问题，开展数据质量检查工作；基于出现的数据质量问题进行分析和评估；对业务部门或应用系统中出现的数据问题进行数据质量校正。

2. 受管理级：制定数据质量需求相关模板，明确相关管理规范；定义了数据质量检查方面的管理制度和流程，明确数据质量检查的主要内容和方式；在某些业务部门建立数据质量问题评估分析方法，制定数据质量报告模板；制定数据质量问题提升的管理制度，指导数据质量提升工作。

3. 稳健级：明确组织层面的数据质量目标，统一数据质量需求相关模板、管理机制；明确组织级统一的数据质量检查制度、流程和工具，定义了相关人员的职责；制定组织层面的数据质量问题评估分析方法，制定统一的数据质量报告模板，明确了数据质量问题分析的要求；建立组织层面的数据质量提升管理制度，明确数据质量提升方案的构成。

4. 量化管理级：数据质量需求能满足业务管理的需要，融入数据生存周期管理的各个阶段；定义并应用量化指标，对数据质量检查和问题处理过程进行有效分析，可及时对相关制度和流程进行优化；建立数据质量问题的经济效益评估模型，分析数据质量问题的经济影响；组织中的管理人员、技术人员、业务人员能协同推动数据质量提升工作。

5. 优化级：通过数据质量分析提升员工数据质量的意识，建立良好的数据质量文化；开展数据质量提升工作，避免相关问题的发生，形成良性循环；在业界分享最佳实践，成为行业标杆。

（七）数据标准能力域

数据标准能力域可以进一步划分为业务术语、参考数据和主数据、数据元以及指标数据 4 个主要方面。其中，业务术语是组织中业务概念的描述，主要包括中文名称、英文名称和术语定义等内容，是组织内部理解和应用数据的基础；参考数据指用于将其他数据进行分类的数据，主数据是指组织当中需要跨系统跨部门共享的核心业务实体数据；数据元是指通过建立组织中核心数据元的标准，使得数据拥有者和使用者能够对数据有统一的理解；指标数据是指组织在经营分析过程中衡量某一个目标或事物的数据，需要对其进行统一规范化定义、采集和应用。

从能力等级的角度看，数据标准能力域各等级的部分特征如下：

1. 初始级：项目级的业务术语已定义；在项目级已确认参考数据和主数据的范围；在项目文档中记录数据元的描述信息；在项目中定义了指标分析数据，并在文档中进行了描述。

2. 受管理级：建立了部分业务术语管理流程，并在业务术语定义、管理、使用和维护的过程中得到应用；建立参考数据和主数据的数据标准，整合并描述部分参考数据和主数据的属性；在业务部门内建立数据元识别方法，进行数据元的识别、创建；在业务部门内部初步汇总了当前的指标数据，形成了指标数据手册。

3. 稳健级：创建和应用组织级的业务术语标准；实现组织级的参考数据和主数据的统一管理；建立组织内部数据元管理规范，规范数据元的管理流程；根据组织的业务战略、外部监管需求建立统一的指标框架并在组织层面建立指标数据标准，包括指标维度、公式、口径、描述等。

4. 量化管理级：建立KPI分析指标监控业务术语管理过程的效率，并定期对于管理流程进行优化；定期生成、发布参考数据和主数据管理的考核报告；发布数据元管理报告，汇总数据元管理工作的进展；定期发布指标数据管理报告，阶段汇总指标数据管理工作的进展。

5. 优化级：参加行业、国家业务术语标准的制定；建立参考数据和主数据管理的最佳实践资源库；参与国家标准或行业标准的制定；通过指标数据的定义促进数据应用和数据价值的体现，在业界分享最佳实践并成为行业标杆。

（八）数据生命周期能力域

数据生命周期能力域可以进一步划分为数据需求、数据设计和开发、数据运维和数据退役4个主要方面。其中，数据需求主要包括组织对业务运营和经营分析决策过程中各类数据的分类、含义、分布和流转的描述，能够识别所需数据、确定其优先级并进行文档化记录和管理；数据设计和开发是指设计并实施数据解决方案，提供数据应用从而持续满足组织数据需求；数据运维是指对已上线运营的数据平台及其服务的各项功能开展日常运行和维护的过程；数据退役主要指对于历史数据的管理，要求组织根据相关法律法规进行历史数据的归档、迁移、保留和销毁工作。

从能力等级的角度看，数据生命周期能力域各等级的部分特征如下：

1. 初始级：在项目层面建立了收集、记录、评估和验证数据需求并确定优先级的方法；在项目层面设计和实施数据解决方案，按项目要求进行管理；各项目分别开展数据运维工作，处理日常问题；在项目层面开展数据退役管理，包括需求收集和方案设计实施。

2. 受管理级：业务部门建立了数据需求管理制度，对数据需求进行了管理；单个业务部门建立了数据设计和开发的流程并遵从，根据需求开展数据准备工作；在某个业务领域建立了数据运维管理规范并指导相关工作的开展；建立了数据退役标准并执行，会进行数据统一归档和备份。

3. 稳健级：建立了组织级的数据需求收集、验证和汇总的标准流程；建立了组织级的数据设计和开发标准并执行，明确了数据供需双方的职责；建立了组织级数据运维方案和流程并得以执行；全面收集了组织的数据退役需求，建立了统一的数据退役标准。

4. 量化管理级：使用量化指标衡量数据需求的类型、数量以及数据需求管理流程的有效性；参考评估并采用了数据设计与开发的行业最佳实践，通过指标开展数据运维方案运行有效性衡量；参考评估并采用了数据运维的行业最佳实践，通过指标开展流程有效性衡量；参考、评估并采用数据退役的行业最佳实践，定义并应用量化指标对数据退役管理进行效果衡量，不断改善数据退役流程。

5. 优化级：在业界分享最佳实践，成为行业标杆；数据设计与开发能支撑数据战略的落地有效促进数据运用；参与制定国际、国家、行业数据运维相关标准；数据退役提升了数据访问性能、降低了数据存储成本，并能够保证数据安全。

作为国内较早且相对完善的数据应用和管理评价标准模型，DCMM 既参考了国外有关理论和实践经验，又结合了国内数据管理和大数据技术应用的水平和现状，是当下国内各行业组织开展自身数据管理能力评估和提升数据使用价值的有效手段。通过将企业在实际运营当中出现的各方面数据管理情况与 DCMM 中不同能力域下的相关能力项进行对比分析，企业自身就能得到相对准确的等级评估结果。同时，根据不同能力域下的数据管理能力成熟度评估等级，最终将形成某企业的整体数据管理能力成熟度等级。在此基础上，企业就可以进一步规范和指导该组织机构的数据管理流程，提高其使用大数据技术挖掘数据资产价值的能力，从而提升全行业的数据管理成熟度，促进数据产业和传统行业的共同发展。

第三节

国外的主要数据管理成熟度模型

随着互联网和信息行业的发展，数据的爆炸式增长引起人们关注，世界各国意识到数据管理的重要性。国际上的一些组织提出各自的数据管理模型，以期统一对产生数据的规范化管理，为企业发展提供帮助。国际上比较知名的数据管理模型有 IBM 数据治理成熟度模型、DCAM 数据管理能力评价模型（The Data Management Capability Assessment Model）、DMM 数据管理能力成熟度模型（Data Management Maturity Model）。下面将从各模型的提出背景、级别分类、领域划分这 3 个方面比较上述 3 种数据管理成熟度模型。

一、IBM 数据治理成熟度模型

（一）提出背景

IBM 数据治理成熟度模型是由 55 位专家组成的专家委员会，通过计划、设计、实施、验证阶段开展数据治理业务、技术、方法和最佳实践，提出通过数据治理获得一致性和高质量数据的成熟度模型，帮助组织有效改善数据管理环境，进而有效利用数据。该模型于2007 年提出，分为 5 级。

（二）级别分类

级别 1：初始级。流程通常是临时性的，环境较不稳定，反映组织内的个人能力，而不是成熟的流程使用能力。尽管处于级别 1 的组织会提供有效的产品和服务，但其经常超出预算和项目计划时间。

级别 2：已管理级。成功是可重复的，但流程可能无法在组织内所有的项目中重复实践。基本项目管理对跟踪成本和时间表很有帮助，而流程有助于确保现有的实践活动正常开展。当这些实践活动准备就绪之后，项目会依据其备案的计划进行执行和管理，但仍存在超出预算和计划时间的风险。

级别 3：已定义级。组织标准流程集中在整个组织内建立一致性。对组织标准流程项目标准、流程描述和规程进行调整，以适合特定的项目或组织部门。

级别 4：定量管理级。组织设置流程和维护的数量目标。所选子流程对整体流程的性能具有重大突出贡献，采用统计技术和其他量化技术来控制。

级别 5：优化级。明确建立量化流程改进目标并继续修订，以反映不断变化的业务目标和用作改进管理流程的条件。

（三）领域划分

IBM 将数据管理划分为 11 领域，分别为：风险管理和合规、数据价值创建、组织机构和感知、策略、数据照管、数据质量管理、数据生命周期管理、数据安全和隐私管理、数据架构、分类与元数据管理、审计信息日志和报告。以风险管理和合规为例，如图 3－3 所示，可以就一个企业的数据管理现状和期望给出这个领域的成熟度评估和能力建设需要。

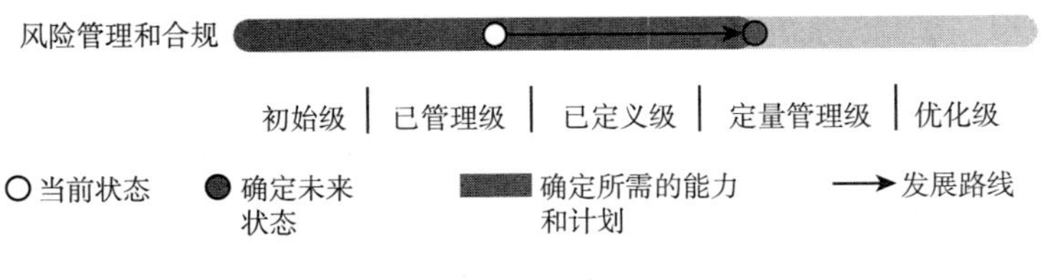

图 3－3　IBM 数据治理成熟度模型评估示例

二、DCAM数据管理能力评价模型

（一）提出背景

数据管理能力评价模型（DCAM）于2015年提出，是基于众多实际案例的经验总结，由面向金融保险行业数据管理的公益性组织企业数据管理协会（EDM Council）主导，金融行业的企业参与编制和验证。DCAM首先定义了数据能力成熟度评估所涉及的能力范围和评估准则，其次从战略、组织、技术和操作的最佳实践等方面描述了如何成功地进行数据管理，最后结合数据的业务价值和数据操作的实际情况来定义数据管理的原则。为推动DCAM模型的落地实施，EDM Council提供了一些相关的模板，包括评分表格、评估报告等，但是对具体过程没有约束。

（二）级别分类

DCAM模型分为6级。

级别1：初始级。企业没有执行数据管理，具有临时性。

级别2：概念规划级。初步规划数据管理，相关问题正被讨论，涉及数据从业人员参与。

级别3：开发级。数据管理实时进行中，此时相关会议正在进行，参与度增长，政策、角色和运作程序正在建立。

级别4：已定义级。数据管理已经执行和验证。业务用户参与数据管理，责任已被界定和分配，相关政策和标准已经存在。

级别5：已实现级。数据管理已经通过和执行。行政管理认可管理模式，积极参与业务，相关政策和标准已执行。

级别6：优化级。实现一体化，数据管理充分融入运营文化并持续改进。

（三）领域划分

DCAM的数据管理能力评价模型主要分为数据管理策略、数据管理业务案例、数据管理程序、数据治理、数据架构、技术质量、数据质量和数据操作8个职能域（见图3-4），针对每个职能域，DCAM都设置相关的问题和评价标准。

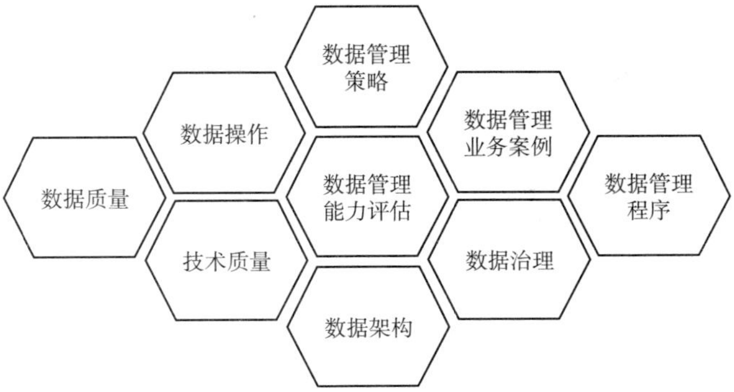

图 3－4　DCAM 数据职能域构成

三、DMM 数据管理能力成熟度模型

（一）提出背景

DMM 是基于软件能力成熟度集成模型（CMMI）开发的。CMMI 是一项拥有 20 多年历史、经过实践检验的绩效改善以及软件和系统开发的黄金卓越标准。基于 CMMI，卡耐基梅隆大学旗下机构研究所开发了数据管理能力成熟度（DMM）模型，并于 2014 年发布。该模型旨在良好地管理并更好地运用关键数据资产来实现商业目标。

（二）级别分类

DMM 模型分为 5 级，如图 3－5 和图 3－6 所示。

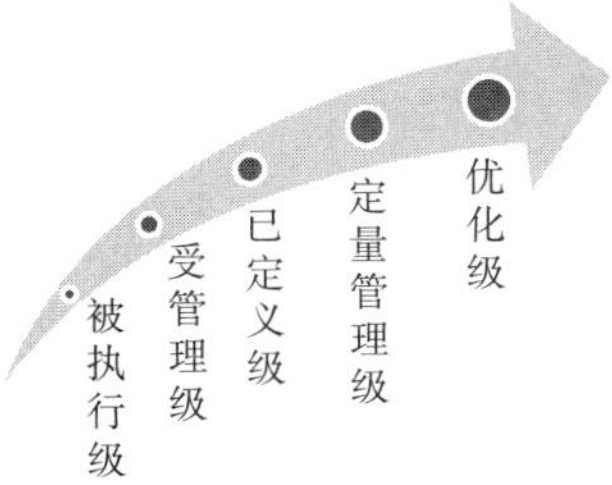

图 3－5　DMM 划分级别

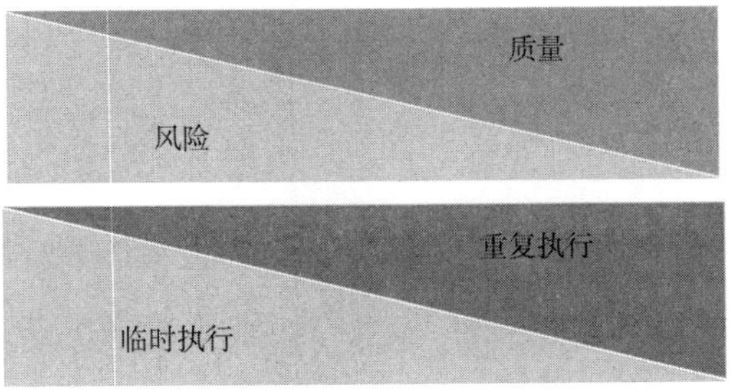

图 3－6　DMM 级别特点变化

级别 1：被执行级。数据管理是作为项目实施过程的需求进行的。流程是临时执行的，主要是在项目级别，没有跨业务领域应用的流程域。过程规则主要是被动的，基本的改进可能存在，但改进尚未延伸到组织或维护中。

级别 2：受管理级。意识到管理数据作为关键基础设施资产的重要性。流程是计划好的，并按照规则执行。参与数据管理的相关者被监控、控制和评审，并对其过程描述进行评估。

级别3：已定义级。数据在组织层面被视为任务绩效成功的关键。标准过程集已建立，并随着时间的推移进行改进，提供了一种可预测的一致性度。

级别4：定量管理级。数据被视为一种竞争优势资源。管理和测量的过程度量已建立，有正式的变量管理过程。质量和过程性能在数据中体现，并贯穿于整个过程的生命周期。

级别5：优化级。数据被视为在一个充满活力和竞争的市场中生存的关键。流程性能通过增量和创新不断得到改进，并反馈于驱动过程增强和业务增长，可以与同行和行业共享经验。

（三）领域划分

DMM首先将数据管理划分为数据管理战略、数据质量管理、数据操作、数据平台和机构、数据治理和支撑流程6个职能域，并指出各职能域的相关关系。随后根据每个职能域的特征，将其细分为25个过程域，并给出具体的评估要求，包括目标、核心问题、能力评价标准定义和要求产出的成果，由此进行成熟度评估和能力评估。

第四节

国内外数据成熟度模型评估方法对比分析

一、成熟度模型等级划分对比

对国内外的数据管理成熟度等级划分进行对比分析，如表3-2所示，DCMM、IBM、DCAM以及DMM对各个级别的划分标准不尽相同。

表3-2　　成熟度模型等级划分对比

等级	DCMM	IBM	DCAM	DMM
级别1	初始级	初始级	初始级	被执行级
级别2	受管理级	已管理级	概念规划级	受管理级
级别3	稳健级	已定义级	开发级	已定义级
级别4	量化管理级	定量管理级	已定义级	定量管理级
级别5	优化级	优化级	已实现级	优化级
级别6			优化级	

在这4个数据管理成熟度模型中，DCAM将数据管理能力划分为6个等级，而其余模

型只分为5个等级，DMM的等级从被执行级开始，而其余模型都是从初始级开始划分。这几个模型的成熟度等级划分也有共同点，每种模型划分的最后一个等级都是优化级，即在企业的运营中，数据管理的流程不断优化，将数据管理充分融入企业的运行中。

二、成熟度模型职能域划分对比

对国内外数据管理成熟度模型定义的职能域进行对比分析，如图3－7所示，各模型对每个职能域提出不同的建设目标和评级度量标准，作为评价数据管理能力的参考。

可以看出，各个模型大多包括数据战略、数据质量、数据治理、数据架构等职能域。DMM所划分的职能域最少，只有6个，IBM划分的职能域最多，有11个，DCAM和DCMM分别划分了8个职能域。各模型对职能域的定义也不尽相同，具有自身的独特性。DMM提出的数据平台和机构以及支撑流程是其余模型所缺乏的，DCAM职能域的独特性体现在数据管理业务案例和数据管理程序，DCMM的数据标准等职能域是其他模型没有的，而IBM的风险管理和合规、数据价值创建、分类与元数据管理等职能域体现了其划分的独特性。

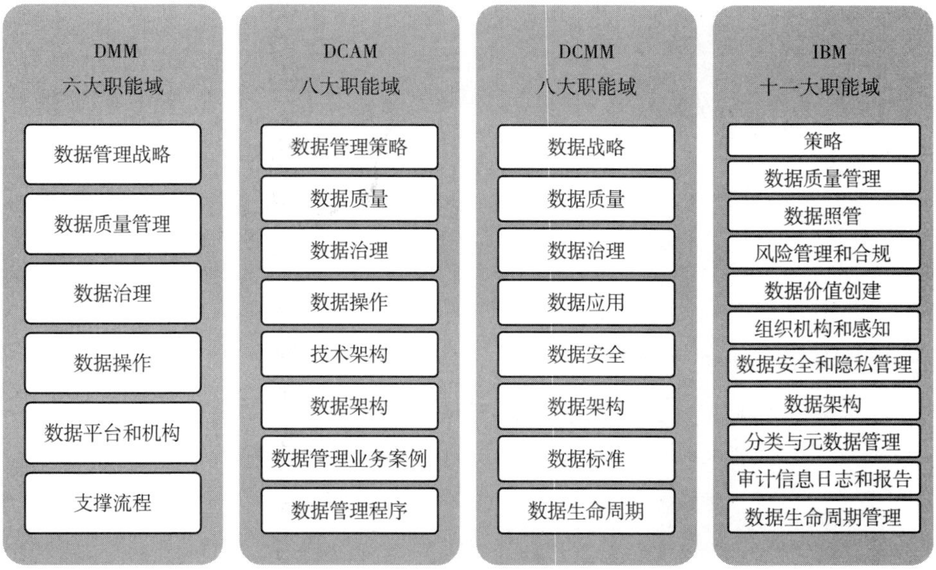

图3－7　成熟度模型职能域划分对比

三、成熟度模型可操作性对比

DCAM由于是EDM面向金融机构的评估模型，内容相比IBM更为细化和丰富，评估更为客观，可操作性较强，但只有成为其协会的正式会员才能得到EDM的支撑，公开度一般。与DCAM相比，DMM公开的资料略多，但同样采用会员制，要求所有领域只有达到或超过某个级别时才代表该企业的数据管理能力达到相应级别，由于CMMI推广过程中的实际操作经验比较丰富，因此DMM对每个过程域的评估都具有很强的可操作性，只需按照评估模型规定的操作步骤即可进行快速评估。但是，在数据管理职能域划分过程中也存在一些与国内实际情况不一致的情况，例如没有参考数据和主数据部分的管理等。DC-MM与以上3个模型最大的差异在于它既吸收了行业公认的部分，又结合了国内数据发展的现实情况，增添了“数据标准”“数据安全”和“数据应用”3个独立的能力项，对中国企业目前的数据管理能力而言可能适用性更好。

此外，上述模型评估都强调模型与数据管理范畴和内容定义的关系，即成熟度评估不能独立于数据管理。

本章复习题

1. 简单说说你是如何看待数据和数据管理对于企业经营的价值，指出企业开展数据管理能力评估的重要性。

2. 指出2014年数据管理能力成熟度评估模型的能力域、能力项有哪些并做出简单的介绍。

3. 逐一列出2014年数据管理能力成熟度评估模型的几个等级，简单说说在各自等级下企业的主要特征有哪些。

4. 举出几个国外最为主要的数据管理成熟度模型，并和国内模型进行简单的对比分析，找出其中的差异。

5. 有人认为，企业的数据管理能力是可以跨越等级实现跳跃式提高的。这种观点正确吗？为什么？

第四章　大数据在银行业的创新应用

【本章重要知识点】

1. 大数据为商业银行的金融产品、金融服务以及金融管理等方面带来创新和升级，未来在商业银行的数字化转型、信用风险管理、精准营销、普惠金融等方面，大数据将有更广阔的应用。

2. 在新时期银行经营全面转型的背景下，银行运营管理在客户服务能力、业务处理效率、风险管控能力、运营管理成本等方面存在进一步提升的空间，亟须开展业务运营数字化转型。工商银行将信息技术与传统业务融合创新，率先开启了信息化银行建设，以大数据技术为依托，不断在技术层面和互联网金融平台层面将银行传统业务与互联网技术进行创新、融合。

3. 商业银行信贷业务面临紧迫的转型压力，信用风险管理难度持续加大，大数据技术成为商业银行信用风险管理的重要驱动力。农业银行的“AI + 知识图谱”技术在信贷管理领域的应用为全行信贷产品创新和信用风险管控提供了强有力的科技支撑。民生银行把新科技作为风险管理的驱动器，不断提升全面风险管理的科技支撑能力。

4. 商业银行利用大数据可以实现精准营销，不仅能够实现可持续的营销计划，还能够将一些潜在客户挖掘出来，为银行的未来可持续发展打下良好基础。中国银行使用大数据进行零售营销应用的战略思想是以平台为支撑构建大数据的技术体系，以数据为基础充分整合数据资源，以应用为驱动深入挖掘数据价值，以人才为核心提升数据分析能力。

5. 大数据时代背景下发展普惠金融面临三大任务：一是要持续扩大普惠金融服务覆盖面，二是要持续提高普惠金融服务水平，三是开展普惠金融要平衡商业性和普惠性。邮储银行使用大数据和新技术不仅大幅提升了金融服务效率，还使风险控制精确量化成为可能，直接促进了普惠金融的发展。

6. 了解工商银行、农业银行、民生银行、中国银行、邮储银行等银行的数据管理成熟度等级和数据管理发展方向。

第一节

大数据在银行业的应用情况和发展趋势

商业银行作为市场经济的重要组成部分，具有长久积累的优势，例如其账户被划分为一类账户、具有高市场信誉、具备较强的技术实力，而如今受到存贷款息差收窄、监管政策严格、客户流失、互联网金融的冲击等多方面挑战，商业银行的转型势在必行。

大数据和信息技术的发展为银行转型提供助力。利用积累的庞大数据信息和大数据技术为商业银行的金融产品、金融服务以及金融管理等方面带来创新和升级。一是大数据广泛应用在银行业务营销、风控管理、运营管理、后台管理等各环节，数据融入银行整个运转过程。二是建立数据驱动模式，即业务管理中从市场研判到决策部署，再到机制体制建设等各流程，都以数据分析作为主要驱动力。三是促进银行数据分析与应用能力的提高，数据分析必须同业务结合才能产生价值。四是银行的应用效果不断提高，使数据的应用价值不断提高，通过数据分析能够大幅度提升银行的经营成果。

未来在商业银行的数字化转型、信用风险管理、精准营销、普惠金融等方面，大数据将有更广阔的应用。大数据营销方面，银行传统的营销模式将进一步转变，营销中信息不对称的局面正逐步被打破，大数据可以有效缓解银行和客户之间的信息不对称问题，为商业银行提供了更加广阔的营销渠道和创新的营销模式，大数据成为商业银行和客户之间更加详细了解彼此的桥梁。银行从粗放营销向精准营销转变，随着大数据技术的应用，商业银行可以通过数据挖掘和分析来更好地了解客户的消费习惯和消费水平，根据不同的标签将客户细分为不同的层次，针对不同客户群进行差异化营销，对潜在客户进行精准营销。营销方式从面对面营销向远程营销转变，随着手机、无线互联网等成为人们生活中必不可少的要素，现代人们更多的时间是在网上度过的，通过手机浏览网页、在微信上阅读公众号和聊天，所以人们更愿意接受网络营销。与此同时，商业银行的营销方式也逐渐从实体网点转向互联网等虚拟渠道进行营销，开启了远程营销的新时代。营销小微客户成为可能，互联网技术和大数据云计算技术的发展降低了客户享受金融服务和购买金融产品的门槛，许多小微客户也可以享受到银行的贴心服务，银行开始更加重视小微客户所带来的附加效益。

在银行的风险管理领域，大数据的运用也将越来越深入。商业银行可以通过多渠道获取多维度的数据，包括通话记录、短信信息、购买历史、电商数据，以及社交网络留存信息等个人数据，如工商信息、税务信息、法院诉讼信息、各项缴费信息、关联公司信息、贸易支付信息、盈利收入等公司数据，扩大征信数据源，并基于大数据和人工智能技术为客户建立信用报告，为银行授信提供参考。银行还可以通过搭建自己的大数据采集平台实现对客户信用的实时评估，并更进一步地运用区块链技术，使银行能以加密的形式存储并共享客户在本机构的信用状况，客户申请贷款时不必再到中央银行申请查询征信，贷款机构通过调取区块链的相应信息数据即可完成全部征信工作。银行还可以探索引入由人工智能和大数据技术驱动的量化交易系统辅助预测资产的价格波动，探索运用智能投顾，根据客户的行为轨迹洞察其管理需求和风险偏好，自动在产品池中帮助客户遴选出风险和收益相匹配的产品，在各市场和各大资产类别之间构建投资组合。此外，银行可以利用大数据服务于内部控制，利用大数据分析与机器学习模型，银行不仅能够有效识别可疑交易和风险主体，从而将洗钱等犯罪活动拒之门外，还可以更多地开展非现场数字化审计，降低检查成本，及时发现问题；利用区块链技术改善征信体系，自动关联有关信息，有助于银行及时发现欺诈、洗钱等违法行为；利用人工智能中的自然语言技术，银行可以打造监管规则的专家系统，大范围整合法律法规、监管要求、行业规范、内部制度、行业新闻和内外部案例，形成有机交叉的知识库。

第二节

商业银行数字化转型

近年来，宏观经济环境已发生深刻变化，金融市场竞争日益加剧，金融科技快速发展，在这些因素的共同推动下，银行业普遍启动数字化转型。经过多年的信息化建设和持续改革，主要商业银行已建立起相对完善的运营体系。卓越的运营管理是银行重要的核心竞争力，在新时期银行经营全面转型的背景下，银行运营管理在客户服务能力、业务处理效率、风险管控能力、运营管理成本等方面存在进一步提升的空间，急需开展业务运营数字化转型。

互联网兴起之前，工商银行就紧跟信息技术革命的浪潮，推进银行内信息化建设，将部分业务转移到了线上，形成了线上线下相结合的模式。2004 年与中国移动、中国联通合作推出手机银行（短信），为用户提供银行账户信息及金融信息的查询、转账、汇款、缴费、消费支付等金融服务。后来随着智能终端以及互联网的普及，工商银行推出手机（网上）银行 APP，同时通过手机银行将部分业务开通自助办理服务，如余额查询、手机转账、线上理财产品选择等。

随着互联网金融时代到来，工商银行将信息技术与传统业务融合创新，于 2013 年率先开启了信息化银行建设，以大数据技术为依托，不断将银行传统业务与互联网技术进行创新、融合，具体包含技术创新层面和互联网金融平台创新层面。技术创新层面，工商银行建立了工商银行统一的数据仓库、信息库和流数据处理平台，综合运用大数据信息采集、处理、分析、挖掘等技术，为实现工商银行行内信息集中共享、互联互通、价值创造提供运营支撑系统。互联网金融平台创新层面，于 2015 年推出自身互联网金融品牌战略“e－ICBC”，主体为“三平台一中心”，即“融 e 行”开放式网银平台、“融 e 购”电子商务平台、“融 e 联”即时通讯平台和网络融资中心，成为银行业首个全面覆盖金融服务、电子商务、社交生活的互联网金融创新战略。当年 7 月，工商银行在互联网金融创新中就取得了突破性的进展，“e－ICBC”进入 2.0 阶段。2016 年，工商银行将大数据和信息化战略列为工作重点，积极整合科技创新资源，投入近千个应用创新项目，以推动科技与金融业务的融合创新，尤其是从产品、场景、渠道等多方面推动“e－ICBC”互联网金融发展。2017 年推进“e－ICBC”3.0 互联网金融创新发展战略，加快创新引领，升级完善以信息平台、开放平台和服务平台“融 e 联”，线上智能金融交易平台“融 e 行”，集合化电商金融平台“融 e 购”为主题，覆盖和贯通金融服务、电子商务、支付、社交活动的互联网金融整体架构，持续提升客户体验，健全风险防控体系。

随着金融竞争环境、技术环境显著变化，客户的金融需求个性化、综合化、场景化趋势业逐渐增强，为适应新形势、新变化，进一步提升服务精准化、专业化水平，工商银行于 2018 年在“e－ICBC”3.0 互联网金融创新发展战略的基础上开启了智慧银行信息系统建设工程，率先在银行业内将金融创新与分布式、智能化以及开放生态相结合，推进产品创新、客户服务、风险控制、业务运营等各领域金融创新，不断通过场景多元化满足客户不同维度的金融服务需求，为进一步金融创新，新时期工商银行全面转型发展，以及稳固工商银行金融市场地位奠定基础。

一、大数据应用场景

（一）“融 e 购”

“融 e 购”电商平台在业务定位方面进行了创新，该平台集 B2C、B2B、B2G 三种商务模式于一体，是一种综合化电商平台。与市场上成功的电商平台相对比，工商银行通过“融 e 购”电商平台不断加大重点市场领域拓展突破和模式创新，积极进军跨境电商领域、加强电政合作、创新营销推广模式，并且着力推进“工银 e 采购”、“工银 e 资产”等特色品牌建设。该平台聚合了客户和商户，链接交易与融资，形成了自身独有的发展特色，有效提升了客户的黏性与活跃度，使金融服务更具效率与价值。

（二）“融 e 行”

“融 e 行”开放式网银平台在运营模式方面进行了创新，将手机银行和网上银行进行整合，不仅能够进行网上业务的全部直销，还可以通过移动端为客户提供方便快捷的金融服务。目前，通过将“融 e 行”业务、客户、平台进行全方位的开放，工行与他行客户均可以登录平台办理业务。在用户体验、功能设计、营销推广等方面，融入简洁、智慧、社交等互联网思维，提升了面向用户的金融服务便捷性和覆盖面。

（三）“融 e 联”

“融 e 联”即时通信平台在渠道方面进行创新，是银行与企业、银行与客户、银行内部的即时信息沟通与信息推送平台，满足了客户在移动金融服务中的信息交流、业务咨询、沟通分享、在线互动的需求，改善提升了客户的服务体验，也提高了客户经理的服务能力。

（四）三大金融产品线

工商银行的“e－ICBC”中三大金融产品线包括全产业链融资模式、支付产品线、投资理财产品线，在业务和盈利模式方面实现创新。通过融资产品线打造了全产业链融资模式，将融资服务向产业终端延伸，贯通供应商、经销商和终端个人客户的融资需求；通过支付产品线推出行业首款二维码支付产品，并与北京、武汉地铁集团达成移动支付合作；

“工银 e 缴费”覆盖水电、燃气、供暖、社保等多个便民服务场景；通过投资理财产品线在财富管理领域创新推出智能投顾产品——AI 投，应用人工智能、大数据技术和量化投资模型，优化网银渠道，打造国内领先的多渠道、全产品线、多模式、全流程管理的对公代客交易系统。

（五）各大平台中大数据应用

在工商银行的大数据平台上，可以分为如下几层：第一层是数据采集，统一针对外部和内部的数据进行相关的数据收集，包括日志信息、行为信息和业务信息。第二层是计算层，不仅提供了传统数据仓库的批量计算的能力，还通过一些流数据的技术提供了实时的计算能力。第三层是应用层，抽象了大数据相关的应用，包括用户可以自定义的查询功能。通过这些信息的服务，把服务抽象到业务系统中，通过管理会计系统，通过分析师平台、风险系统、营销系统，为数据的运营、风险控制和营销方面提供相关的支持，这就是主要的大数据分层体系。

二、实现途径

（一）技术层面

中国工商银行数据资产呈现出三大特点：第一，数据规模庞大。建立起企业级的数据仓库和集团信息库两大平台，结构化和非结构化数据规模达到了 PB 级。第二，数据量增长迅速。线上线下多渠道的高频使用带动了数据的高速增长。第三，数据类型多样化。不仅有客户信息、账户信息、产品信息、交易信息等传统类型的银行数据，还有三融平台电商、社交、行为数据，以及外部引进的征信、工商、海关、多媒体平台的第三方的数据。

依托大数据资产，综合运用大数据信息采集、处理、分析、挖掘等技术，工商银行自 20 世纪 90 年代末启动了数据仓库的建设，全行企业级大数据基础建设工作逐年完善。工商银行大数据的发展历程可以分几个阶段，从 TB 级已经进入了 PB 级的建设阶段，接下去在可预见的几年内会进入 EB 级的庞大体量。2000 年年初，大数据领域更多的还是应用在一些报表的快速展现，所以是基于比较传统的 Oracle 和 SaaS，做了 T + 1 的动态报表，行领导和管理层能够在当天上班前看到前一天的经营数据。2007 年工商银行基于当时最先进的企业级数据仓库的体系架构启动了企业级数据体系的建设，做了全行统一的管理数据的大集中。2010 年基于数据仓库的数据支持，推出了 MOVA 管理会计系统，做了全行绩效考核的管理系统。2013 年随着外部形势的发展，大量数据爆发式的出现，工商银行引进了大数据领域在业界最流行的 Hadoop 技术，在 Hadoop 基础上搭建了信息库，发展非常快。2014 年工商银行基于大数据，原来的大数据采用连机异部批量的方式，通过文件存储的方式，不管是数据仓库还是信息库，在时效上相对来说比较慢，所以自主研发了一个流数据平台，能够提供实时或者准实时的流数据处理。2015 年，推动分布式数据库的落地工作，和企业级数据仓库做一个互补，进一步完善以客户为核心的基础数据整合。2016 年进一步构建客户标签实现了客户统一画像。2017 年上半年进一步完善客户分层，建立产品库、渠道库，建立标签库模型库。这些技术为实现工商银行行内信息集中共享、互联互通、价值创造提供运营支撑系统。这是工商银行大数据的主要技术演进。

（二）管理层面

互联网金融对商业银行业务造成的冲击使工商银行重新审视了互联网与金融的关系，开始进行具有银行特色的互联网金融创新。管理者对当前互联网金融市场的盈利模式进行分析后发现，现有互联网金融机构主要依托于网络平台，提升服务，留住资金，利用大数据技术筛选关于用户消费行为的有效信息，有针对性地发展金融业务。

由此，工商银行紧跟时代步伐，积极推进“e－ICBC”战略，秉承传承和创新的宗旨，着力构造开放、合作、共赢的金融服务生态圈，着力打造线上线下一体化的获客、黏客、活客的能力，着力建设智能化的营销、产品服务、风险控制体系，向服务无所不在、创新无所不包、应用无所不能的智慧银行转型。

三、实施效果

工商银行在互联网金融的冲击下，没有被击垮，而是结合自身优势，利用储备的大数据和技术优势积极转型，不断创新。商业银行进行数字化转型可以从中借鉴，从用户管理与平台管理等方面考虑，利用大数据提升用户黏性和活跃度，精确定位平台的功能等。工商银行较早就意识到了数字化转型的重要性，对包括移动互联、大数据、云计算、人工智能、区块链、物联网、生物识别等新技术的研究和应用方面进行了布局，在部分领域取得了一些明显进展。

在大数据的研究和应用方面，工商银行从 2006 年就开始了数据仓库建设，通过多年建设，大数据在技术体系上已涵盖 TD、Hadoop、MPP DB、流数据处理等各种技术，支持结构化和非结构化数据的准实时和批量数据处理；同时在业务应用方面，在客户精准营销、风险防控、绩效考核、经营管理等领域成体系地进行了应用，成效显著。

在云计算的研究和应用方面，工商银行在 2014 年下半年启动云平台建设规划，基于业界开放标准并结合自身研发及运维的实际需求进行建设。目前基础设施云（IaaS）已在研发测试环境中使用，支持计算、存储、网络资源的弹性供应。应用平台云（PaaS）已在部分热点业务如纪念币预约、快捷支付等进行试点，提升了系统的弹性扩展能力。业务服务云（SaaS）方面，通过 API 开放平台，将“融安 e 信”外部风险信息服务平台提供给其他商业银行实现合作共赢；通过提供生活缴费金融服务，与相关城市合作共同打造“智慧无锡”等智慧城市服务。

在人工智能技术的研究和应用方面，工商银行已在部分领域尝试应用人工智能技术。在反欺诈领域，运用神经网络模型防范客户欺诈，实时判断电子银行每笔交易的欺诈风险，有效防范了客户资金损失；在客户服务领域，投产了新一代智能机器人产品（小 i），实现了智能上下文交互、灵活转人工服务等功能，在分流人工客服方面取得了一定的成效。与此同时，工商银行还组建了人工智能研究团队，聚焦人工智能相关理论体系研究，并探索人工智能相关技术在信贷风险控制等领域的验证应用。

在区块链技术的研究和应用方面，工商银行高度关注区块链方面的技术跟踪与研究，成立区块链研究团队，积极与学术界及业界相关公司开展技术交流，提升对区块链技术的掌控能力。目前，已完成“基于区块链技术的金融产品交易平台”的原型系统建设，并在内部进行系统试运行。该原型采取联盟链的模式，在传统做市交易模式基础上，为客户提供点对点金融资产转移和交易服务。

在生物识别技术的研究和应用方面，工商银行较早开展了生物识别技术的应用，已在网点实现柜员的指纹授权与身份认证，个人手机银行也即将支持指纹登录。人脸识别技术也在智能网点辅助审核流程中进行了试点应用。

在物联网技术的研究和应用方面，工商银行目前主要将物联网技术应用在业务运营领域和智能机具方面。研发“实物现金运营管理系统”，运用 RFID（射频识别）技术，实现现金款箱出入库的批量处理和精确控制。探索物联网在智能机具方面的应用，通过在 ATM 设备上配备电子密码锁，智能感知开锁、闭锁状态，实现网络远程控制和管理。

在量子通信技术的研究和应用方面，工商银行实现了量子通信技术在北京、上海分行本地机房间备份数据的加密传输，即将完成量子通信京沪骨干网建设，实现异地数据备份的加密传输，成为国内第一家建成量子通信加密通道并进行生产数据传输的金融机构，首次实现了量子加密技术在金融领域的落地。

工商银行运用新思维、新技术、新模式建设数字化运营，围绕客户服务、集约运营、风险管理等方面，全面深化业务运营体制、机制、模式和流程改革创新，通过构建线上线下一体化运营、打造集约化后台运营、提升运营管理智能化等实践推动运营数字化转型，在上门收款、金库运营管理、现金需求预测、国库退税、业务岗位整合、清算业务处理等业务场景取得了良好的成果，提升了客户服务能力、业务处理效率和风险管控能力，降低了运营管理成本，支持业务经营转型发展。

具体来讲，首先，工商银行构建了线上线下一体化运营服务模式，以客户为中心，按照线上优先、线上线下一体的原则，打破行内各平台、各系统、各渠道间的数据壁垒，使数据可以自由流动和共享，实现客户服务需求快速响应处理、全程跟踪和实时感知，构建业务流程无缝衔接、信息实时交互、资源协同高效的线上线下协同对客服务新模式。其次，工商银行打造了集约化的运营后台，深化智慧运营、共享服务、精益管理等理念，持续推进运营集约化改革，综合应用机器人流程自动化（RPA）、人工智能、生物识别、OCR 等技术构建集约化运营后台，全面拓展运营后台服务的内涵和外延，提升业务处理效率，推动业务人员向高价值岗位流动，实现降本增效。最后，工商银行提升了运营管理智能化水平，综合运用金融科技手段，持续推进现金业务运营、清算业务处理、运营风险管控等领域智能化建设工作，实现实物信息数字化管理、运营流程自动化处理、现金需求科学预测、精益库存管理、风险智能预警等，提升运营管理智能化水平。

四、数据管理能力成熟度评估

根据 DCMM（数据管理能力成熟度评估模型），工商银行的金融数据管理能力成熟度处于稳健级，即 DCMM 的第 3 级。

DCMM 稳健级的特征有企业意识到数据的价值，在组织内部建立了数据管理的规章和制度；数据的管理以及应用能结合组织的业务战略、经营管理需求以及外部监管需求；建立了相关数据管理组织、管理流程，能推动组织内各部门按流程开展工作；组织在日常的决策，业务开展过程中能获取数据支持，明显提升工作效率；参与行业数据管理相关培训，具备数据管理人员等。

1. 工商银行意识到数据的价值，建立了数据管理规章制度。工商银行从 2006 年就开始了数据仓库建设，通过多年建设，大数据在技术体系上已涵盖 TD、Hadoop、MPP DB、流数据处理等各种技术，全行企业级大数据基础建设工作逐年完善，建立起企业级的数据仓库和集团信息库两大平台，对数据进行管理。

2. 工商银行的数据管理以及应用能结合组织的业务战略。公司在“e－ICBC”3.0 互联网金融创新发展战略的基础上开启了智慧银行信息系统建设工程，将金融创新与分布式、智能化以及开放生态相结合，推进产品创新、客户服务、风险控制、业务运营等各领域金融创新，数据为业务的创新发展提供支撑作用。

3. 工商银行建立了数据管理流程，推动各部门按流程开展工作。工商银行的数据平台分为如下几层：第一层是数据采集，统一针对外部和内部的数据进行相关的数据收集，包括日志信息、行为信息和业务信息。第二层是计算层，不仅提供了传统数据仓库的批量计算的能力，还通过一些流数据的技术提供了实时的计算能力。第三层是应用层，抽象了大数据相关的应用，包括用户可以自定义的查询功能。通过这些信息的服务，把服务抽象到业务系统中，通过管理会计系统，通过分析师平台、风险系统、营销系统，为数据的运营、风险控制和营销方面都提供相关的支持。

4. 工商银行在日常决策中能获取数据支持。从用户管理与平台管理等方面考虑，利用大数据能够提升用户黏性和活跃度，精确定位平台的功能。公司推出的智能投顾产品——AI 投，应用了人工智能、大数据技术和量化投资模型，数据为业务开展提供支持。

接下来，工商银行的数据管理能力将向第 4 级即量化管理级发展。在发展过程中，不仅要将数据作为组织的战略资产，建立可量化数据管理流程效率的指标体系，还要借鉴行业优秀管理方案和国家标准，并参与相关标准的制定工作。

第三节

商业银行信用风险领域的大数据应用

当前，在全球经济放缓和国内经济增速换挡的大背景下，商业银行赖以生存的环境正发生着深刻变化，过去单纯依靠信贷资产规模扩张的“外延式”高速发展和高盈利时代已基本结束，商业银行信贷业务面临紧迫的转型压力。与此同时，人工智能、大数据、云计算等金融科技快速发展，推动数字化转型日益成为商业银行发展的重要驱动力。

受国内供给侧结构性改革、利率市场化、中美贸易摩擦、互联网金融冲击和金融脱媒现象加剧等多重因素的叠加影响，商业银行利润增速放缓，信贷资产质量承压，信贷产品供需矛盾凸显。同时，伴随企业跨地域、跨行业、集团化经营业态的发展，使得客户信用风险表现形式更加多元化，风险传导机制日益复杂化，商业银行信用风险管理难度持续加大，信贷业务转型求变迫在眉睫、势在必行。

一、农业银行信贷管理

近年来，农业银行风险管理体系持续完善，信用、市场、案防合规和操作等风险管理统筹推进，风险管理的广度、精度和深度不断拓展，风险管理能力进一步提升，牢牢守住了风险底线，不良率等风险指标大幅好转，风险面貌明显改善。农业银行紧紧把握金融科技发展的重要契机，制定“金融科技+”战略，在业内率先构建了知识图谱，并持续推进“AI+知识图谱”技术在信贷管理领域的应用，为全行信贷产品创新和信用风险管控提供了强有力的科技支撑。

（一）大数据应用场景

加速信贷产品和服务模式创新，服务实体经济发展。农业银行综合运用大数据、“AI+知识图谱”等技术，进行客户360度刻画，准确识别和受理客户金融需求，构建科学的授信和风控模型，分层覆盖长尾客户，服务三大战略，大幅提升信贷产品有效供给能力和实体经济服务能力。在服务乡村振兴方面，围绕农村金字塔形“上、中、下”层客户群，基于“AI+知识图谱”等技术，重点分析客户群在产业链中的位置，精准识别客户群融资需求，分别推出快农贷、便捷贷、惠农电商贷、农民安家贷等产品线，建设服务“三农”的金融生态圈。在服务普惠金融方面，运用“AI+知识图谱”等技术，对客户进行多维度精准画像，把控潜在风险，并逐步建立起以“e贷系列”小额线上融资产品、“云贷系列”供应链融资产品为核心的全线上小微企业信贷产品体系。在服务消费升级方面，基于“AI+知识图谱”等技术，精准洞察客户需求变化，实现产品快速创新和智能推介，先后推出网捷贷、质押贷和车联贷等系列产品，为客户提供线上化、场景化、定制化和智能化的产品服务，持续提升获客、留客和活客能力。

创新信用风险管理模式，防范金融风险。农业银行应用大数据和“AI+知识图谱”等技术，通过构建智能化风控模型，实现大规模客户数据的关联分析和实时精准的智能化风控服务，完成信用风险防控从单体到群体、从人工到人机交互、从事后到事前的3项转变，大幅提升客户群体性风险防范能力，牢牢守住不发生系统性风险底线。建立了关系视图，通过深度整合行内外数据，建立信贷客户标识特征库，全面识别客户间的关联关系，构建客户关系全网视图。目前，该视图已引入行内信贷、客户、交易三大主题和行外海关、司法、舆情、工商等六大主题数据，识别出担保、投资、控股等11大类33小类500多万条关联关系。划分了风险客群，基于客户关系视图，运用知识图谱和社区发现理论，通过单一关联关系风险传导系数计量、客户间风险传导系数拟合、客群关系子网划分3个步骤，完成信用风险传导知识图谱构建和风险客群自动划分。相较以往专家经验模式，不仅可以高效处理大规模客群和多种复杂关系，而且自动识别出的客群更为精准和可信。洞察了客群风险，依托信用风险关系知识图谱，打造客群风险洞察引擎，主要包括核心企业识别、风险传导测算、客群风险测评、客群关系探索4类应用。作为支撑信用风险管理模式创新及防控金融风险的智慧基础，有效提升客户群体性风险防控的意愿、能力、时效和成效。

此外，农业银行的大数据信贷管理在数据网贷业务方面也得到应用。数据网贷是农业银行依托“互联网＋大数据”分析技术，向核心客户上下游小微企业提供批量化、自动化、便捷化融资服务的互联网金融产品。该产品全流程线上操作，实现了小微企业融资“足不出户”、即时获贷。业务定位方面，服务对象为优质核心企业的上下游客户集群，利用大数据技术识别和审核小微企业的信用，从而为其提供贷款。依托大数据，加强服务深度，深入关注核心客户商圈的交易“痛点”和业务难点，围绕核心客户供应链的“产、供、销”业务场景，对核心企业链上的客户开展批量营销、精准营销。运营模式方面，围绕核心企业，以产带融、产融结合，利用大数据和相关技术，按照整体流程网上化实施和“自金融”交易程序，客户使用PC、移动客户端进行贷款申请，足不出户，即可轻松获取农业银行贷款。盈利模式方面，按日计息获得收益，贷款的便捷性使得客户数量增加，总体收入也会增加。由于该服务是在网上实施，节约了人工成本和开设网点的成本，有利于利润增加。风控模式方面，农业银行的大数据储存了客户的历史贷款记录，并且与核心企业ERP系统直接对接，获取真实交易数据。并且摆脱传统模式下财务报表的约束和对抵押物的依赖，实现了从“重报表数据”向“重交易数据”的转变。

（二）实现途径

技术方面，农业银行建设了“AI＋知识图谱”金融科技基础支撑体系。农业银行高度重视金融科技创新发展，制定“金融科技＋”战略，以建设金融大脑为切入点，在同业率先构建了知识图谱，实现了知识图谱全生命周期管理，为全行数字化经营和智能化转型提供了基础性、核心性的科技支撑。金融大脑是农业银行的人工智能核心系统，在业内首次提出企业级AI金融平台解决方案，实现了全行的“智能集中”。金融大脑打造了感知和思维两大服务引擎，建设了统一的智能服务，大范围集成了人工智能核心技术，为全行众多业务领域实现AI赋能。金融大脑实现多项创新，搭建了基于GPU/CPU的高性能AI计算架构，应用虚拟化技术跨平台对资源上云管理，提供高精度智能感知服务能力。建设了全生命周期的一体化机器学习与模型管理平台，实现了全流程自动化建模和模型自学习演进。全渠道实时智能决策引擎为业务发展提供更为智能的实时决策服务。拖拽式交互中心、高效知识共享与沙盘演练等大大降低了AI创新门槛，提升了AI创新效率。

在金融大脑建设过程中，农业银行基于DIKW（数据Data，信息Information，知识Knowledge，智慧Wisdom）体系，经过知识识别、融合、存储等环节，从海量数据中提炼信息，发现知识，形成知识图谱，并通过知识服务，将知识升华为智慧，让金融大脑变得更加聪慧。相对于一般行业知识图谱，农业银行知识图谱实现了诸多突破与创新。一是实现知识图谱全生命周期管理，涵盖了从获取融合到应用全过程，锻造出从结构化、半结构化和非结构化数据中提取知识的能力。二是采用自顶向下和自底向上相结合的模式进行本体建模，形成本体概念、属性和关系等，易于业务人员理解、使用和管理。三是采用混合架构，具备分布式存储与并行计算能力，支持大规模知识图谱构建与计算，具有高可用、高性能、可扩展等特点。四是基于知识图谱的计算引擎，打造了语义分析、语义搜索、图挖掘和模型工厂 4 种智能服务，实现服务场景全覆盖，杜绝在知识应用中出现“孤岛”现象。

目前，农业银行知识图谱原始数据量在千亿级别，节点数在千万级别，各类关系有 2 亿条左右，支持各应用通过联机或批量方式接入。联机进行风险客户识别的平均响应时间约 200 毫秒，批量完成客群划分需要 3 小时左右。通过构建知识图谱，农业银行打造了从“字符串”到“实体”的知识表征能力、基于“实体”关系网络图谱的知识关联能力、基于语义的精准检索能力，以及基于本体的知识推理能力，为金融产品创新和风险防控提供了强大的科技支撑。

管理方面，各部门协同配合，优化业务流程，为数据网贷业务提升效率、控制风险。通过核心企业分析、实地调研、业务流程分析、技术可行性分析和上下游客户访谈等环节，使客户办理贷款申请时间缩短，也使农行自身提高管理效率。数据网贷流程图如图 4－1 所示。

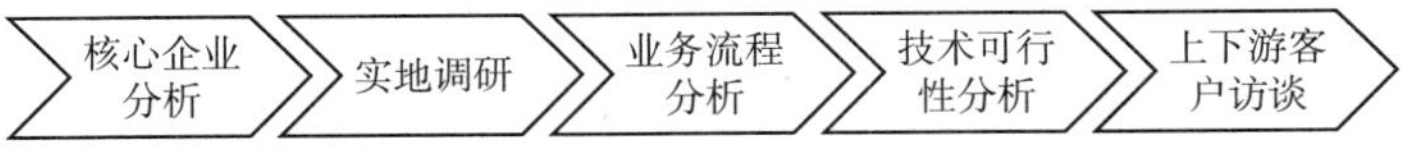

图 4－1 数据网贷流程图

（三）成熟度模型评估

根据 DCMM，农业银行的数据管理能力成熟度处于稳健级，即第 3 级。

DCMM 稳健级的特征有企业意识到数据的价值，在组织内部建立了数据管理的规章和制度；数据的管理以及应用能结合组织的业务战略、经营管理需求以及外部监管需求；建立了相关数据管理组织、管理流程，能推动组织内各部门按流程开展工作；组织在日常的决策、业务开展过程中能获取数据支持，明显提升工作效率；参与行业数据管理相关培训，具备数据管理人员等。

1. 农业银行的数据管理以及应用能结合组织的业务战略。农业银行综合运用大数据、“AI＋知识图谱”等技术，加速信贷产品和服务模式创新，服务实体经济发展。通过构建智能化风控模型，实现大规模客户数据的关联分析和实时精准的智能化风控服务，创新信用风险管理模式，防范金融风险。公司还依托“互联网+大数据”分析技术，向核心客户上下游小微企业提供批量化、自动化、便捷化融资服务的互联网金融产品。

2. 农业银行建立了数据管理流程，推动各部门按流程开展工作。农业银行基于DIKW体系，经过知识识别、融合、存储等环节，从海量数据中提炼信息，发现知识，形成知识图谱，并通过知识服务，将知识升华为智慧，让金融大脑变得更加聪慧。知识图谱采用4层架构模式构建，自底向上分别是知识识别、知识融合、知识存储与计算以及知识服务。采用自顶向下和自底向上相结合的模式进行本体建模，形成本体概念、属性和关系等，易于业务人员理解、使用和管理。

3. 农业银行在日常决策中能获取数据支持。公司持续推进“AI+知识图谱”技术在信贷管理领域的应用，基于数据的金融技术为全行信贷产品创新和信用风险管控提供了强有力的科技支撑。

接下来农业银行数据管理能力的建设方向是向量化管理级发展。具体来讲，企业应定期开展数据管理和应用的培训工作，量化评估数据管理流程的效率，并且利用数据提升组织的效率。

二、民生银行小微金融风险管理

近几年来，大数据、云计算、人工智能等新技术快速发展，促进了商业银行风险管理的智能化、精细化。民生银行顺势而为，把新科技作为风险管理的驱动器，不断提升全面风险管理的科技支撑能力。

当前国家不断加大小微金融服务的政策支持力度，小微金融作为民生银行战略业务、特色业务的定位也十分明确而坚定。目前，民生银行小微贷款资产质量情况总体较好，逾期率、不良率稳中有降，逾期金额与不良金额的剪刀差逐步缩窄，不良新发生比率稳步下降，抵质押占比稳步提升，整体资产质量趋好。在小微业务风险管理方面，民生银行主要做了以下工作：一是打造智能移动作业支持（PAD）系统；二是丰富小微业务产品体系，有效支持业务发展；三是创新审批模式，开展信贷工厂集中、切片式的审查、审批，提高审查、审批效率；四是持续调整优化零售风险计量模型；五是始终重视科技系统建设，打造基于数据和技术驱动的统一零售风险管控平台。

（一）大数据应用场景

业务定位方面，民生银行是中国第一家提出小微金融的股份制商业银行，服务群体主要是中小型的民营企业。其战略定位是做民营企业、小微企业和高端客户的银行。

运营模式方面，数字化运营，是民生银行摸索了多年的小微金融新途径，同时也在推进银行客群的下沉。如今的小微企业仍然融资难的背后，是长期存在的一些难以突破的困境：比如融资金额小、风险高，商业银行难以进行高成本尽调与授信。民生银行注重将科技与数据作为支撑，利用数据进行驱动，将线上和线下进行结合，并将移动互联和大数据风控等作为手段，继而设计出了线上自动审批产品“民生云快贷”、在线小额信用产品“民生网乐贷”等新型产品。此外民生银行不断地拓宽服务渠道，提高小微金融的持续发展力，让更多的小微企业主体验到舒适、快捷、便利的金融服务。民生银行的小微金融发展到了“小微 3.0”，一方面，注重大数据平台的建立和使用；另一方面，是其根据多年来对于小微企业的服务经验的积累，适应着小微企业的现实需求，从而为其提供更加优质的服务。在这一阶段，民生银行还发行了小微金融债券，从而提高了资金的使用效率。

风控模式方面，民生银行在选择小微金融业务时，需要对小微企业多方面的信息进行分析和测算，从而计算出信用评级的结果。民生银行需要将所得到的信息针对评估要素进行选择，并对所获得的数据进行测算，判断信用风险发生的概率，从而选择是否贷款及贷款方向和数量，从而降低违约风险的发生。深入推进“数字小微”建设，基于大数据进行风险控制，把控小微金融的核心。

（二）实现途径

技术方面，民生银行利用互联网技术将小微金融业务进行线上和线下的接轨，利用大数据、云计算等网络工具，来测算目标群体的相关信息和银行自身所面临的平均信贷风险，从而有利于民生银行对目标群体做出筛选，这样使得银行的获利面更加广阔，同时也加强了银行的信用风险控制的技术水平。近几年来，大数据、云计算、人工智能等新技术快速发展，促进了商业银行风险管理的智能化、精细化。民生银行顺势而为，把新科技作为风险管理的驱动器，不断提升全面风险管理的科技支撑能力。

1. 在技术架构方面，民生银行充分利用分布式、大数据、人工智能等新技术，持续完善数据化评审辅助决策、风险预警、贷（投）后管理等专业系统的技术架构，打通线上与线下业务，推动业务处理的自动化和智能化，全面提升了用户体验和管控效能。

2. 在数据应用方面，在合法合规的前提下，民生银行引入客户外部的工商、税务、海关、司法诉讼、征信、网络舆情等信息，通过大数据分析，提升了风险管理效能。

3. 在流程管理方面，民生银行采取了前端轻量化、中端标准化的流程处理模式，前端手机银行、直销银行、移动 PAD 利用信息自动读取、人脸识别、自动决策等技术，便捷快速地受理客户申请。中端采取标准化业务处理流程，统一流程处理模式，统一风险管控尺度，为快速稳健地处理业务提供了有力的科技支撑。

4. 在新技术应用方面，民生银行已经将人脸识别、客户360度画像、AI智能反欺诈识别技术等投入应用之中，有效提升了科技对风险管理的支撑能力。民生银行新技术主要应用于以下4个方面：

第一，上线指南针风险预警管理系统。该系统是基于大数据技术和互联网思维建设的银行公司客户风险信息监测和预警管控系统，以多维度风险信息的自动化收集与传递、智能化加工与分析为主要特点。依托该系统的投产上线，民生银行阶段性实现了以“总行统驭式大数据警情监测、总分联动立体式风险排查、自动化信息驱动”为特征的新型预警管控模式，为全行预警管理水平的有效提升提供了强有力的抓手。

第二，开发零售风险管理系统（RCS）。该系统是零售业务处理的主干系统，负责业务的处理及风险识别。前端的手机银行、网上银行、移动PAD、直销银行、小微之家平台等是便捷化的业务受理渠道；后端的零售业务评分系统、智能决策系统、反欺诈系统来支撑RCS系统及各个前端业务受理渠道的风险决策。

第三，拓展信息数据源。在合法合规的前提下，引入客户外部的工商、税务、海关、司法诉讼、征信、网络舆情等信息，通过大数据分析，提升风险管理效能。

第四，加强风险模型建设与应用。采取了反欺诈分析、人脸识别、客户画像、评分模型、规则模型、额度模型、风险监测模型等技术工具，这些风险管理工具交叉应用，贯穿整个风控流程。

管理方面，民生银行坚决把防控风险放在更重要的位置，持续推进全面风险管理体系建设，加快构建全面风险管理的长效机制，并根据经济周期的变动不断地调整风险结构。此外，民生银行由上到下计划和实施分明，例如在总行层面提出凤凰计划，奠定了整个小微金融新的经营模式，在这个计划之下，分支机构也根据当地情况推出自己的落地计划。为更好地进行风险管理，民生银行创新开展了一系列工作：

一是优化风险管理组织架构。民生银行建立了全面、专业、垂直、集中、独立的风险管理组织架构。在董事会层面，设立了风险管理委员会，负责审议风险管理相关重要政策、制度、规划、程序等，监督经营层开展全面风险管理工作。在总行层面，设立了风险管理委员会，并在风险板块设置了风险管理与质量监控部，公司、零售、金融市场风险管理部，资产保全部等专业部门。2018年，将法律合规部分设为法律事务部和内控合规部，进一步加强了法律专业管理和内控体系建设。

二是创新风险管理工作机制。以机制创新提升风险管理效能和服务实体经济质效。通过设立特定审批通道、专人挂户对接、集中审批等举措，加大对优质民企客群的支持力度。推进“新供应链金融”模型化、线上化、数据化管理，优化评审决策流程，提升审批时效。加大小微企业信贷投放力度，针对不同区域、不同客群执行差异化的客户准入和抵质押策略，完善小微配套风控机制。同时，加强集中、专业的不良资产清收机制建设，通过清收专业化、资源集中化、处置高效化，抢抓不良资产处置先机，切实提高清收处置成效。

三是完善风险偏好管理机制。提升风险政策制定、宏观研究能力，紧跟国家战略，不断完善风险偏好形成和传导机制，并建立了较为领先的组合和限额管理机制，搭建了覆盖公司、零售、金融市场等多条线，表内、表外、非授信全口径，行业、区域、产品、客户多维度的风险组合管理框架，实行差异化组合策略，并且建立了组合限额动态调整与跨部门会商机制。

四是深化风险技术工具应用。民生银行坚持通过技术工具应用提升价值创造，不遗余力地推动各项风险管理技术工具建设。首先，启动风险调整后资本收益（RAROC）建设项目，制定了分阶段实施方案。其次，合理应用大数据技术，提升风险管理效能。最后，加强风险模型技术建设，交叉应用反欺诈分析、人脸识别、客户画像、评分模型、规则模型、额度模型、风险监测模型等工具，使之贯穿风控全流程。

五是打造过硬的风险管理团队。民生银行秉持“担当、专业、服务”的理念，打造强大的总行职能部门，提升风险团队整体的担当精神、专业能力和服务水平。持续完善人员轮岗与人才交流机制，以市场化的手段培养人才，在发展中实现人员队伍的培养、建设与储备。不断优化风险考核机制，通过发挥指挥棒作用，调动全员积极性，促进风险管理合力的形成。

（三）成熟度模型评估

根据 DCMM，民生银行的数据管理能力成熟度处于受管理级，即第 2 级。

根据 DCMM 的划分，受管理级的特点有企业制定了部分数据管理规范，设置了相关岗位，进行了初步的数据集成工作，尝试整合各业务系统的数据，设计了相关数据模型和管理岗位，开始进行一些重要数据的文档工作，对重要数据的安全、风险等方面设计相关管理措施。

1. 民生银行意识到数据的重要性，制定了管理流程。公司采取了前端轻量化、中端标准化的流程处理模式，前端手机银行、直销银行、移动 PAD 利用信息自动读取、人脸识别、自动决策等技术，便捷快速地受理客户申请。中端采取标准化业务处理流程，统一流程处理模式，统一风险管控尺度，为快速稳健地处理业务提供了有力的科技支撑。

2. 民生银行尝试整合各业务系统的数据，设计了相关数据模型。民生银行在合法合规的前提下，引入客户外部的工商、税务、海关、司法诉讼、征信、网络舆情等信息，通过大数据分析，提升了风险管理效能。还采取了反欺诈分析、人脸识别、客户画像、评分模型、规则模型、额度模型、风险监测模型等技术工具管理和利用数据。

随着企业的不断发展，民生银行的数据管理能力将向 DCMM 的稳健级靠拢。为了达到稳健级，企业要建立数据管理的规章和制度，结合组织的业务战略、经营管理需求以及外部监管需求来对数据进行管理和应用，逐步提高数据对业务的支持能力，还要培养专业人员对数据进行管理。

三、商业银行信用风险领域的大数据应用小结

大数据技术可以应用于信贷业务的贷前调查。利用大数据征信收集各个平台的客户信用信息，除了传统央行征信系统外，互联网金融公司等其他机构存在自己的数据系统，也存有相应的信贷记录，通过对这些征信数据的接入，可以增强对客户信用情况的了解；可以对接国家公安端口，收集客户的其他信息，如犯罪记录等；可以利用其他智能大数据手段，比如对接银联系统，查看客户的消费情况等。通过这些方式可以在贷前对申请人的消费习惯以及信用状况有一个更为全面的了解，并最终将其纳入是否为其办理信贷业务的考量之中。

大数据技术也可以应用于贷后监测。当今社会人们的消费方式和支付方式均日趋丰富和多样，可以用于分析和挖掘的数据也日益繁多。建立与各个数据平台的联系并进行数据整合，提取有效字段形成统一的数据信息，对所获取的信息按照银行的风险标准，通过计算机技术设计一系列贷后监测的数学模型，利用数学模型在大数据中寻找客户与信息风险间的关联，并提取异常信息，银行风险监控人员根据预警的授信客户异常信息，再对异常信息进行排查，有利于及时了解客户动态，防范潜在风险。

此外，在将大数据应用到信用风险领域的过程中，拓宽数据信息获取渠道、建设商业银行大数据分析平台、加强银行数据信息安全管理等将是发展趋势。随着科技金融的不断发展，近年来银行纷纷寻找新的手段，借助新的技术，尝试构建新的信用风险评估模型。大数据风控技术正是随着大数据处理技术、计算机科技和互联网技术的出现和升级而产生的一种基于数据挖掘、机器学习等大数据建模方法的信用评估体系，目前被金融机构广泛运用到贷前信审、反欺诈、贷后管理和追偿清收等环节中。

在信用分析评估方面，目前，银行业对于客户信用分析评估基于两个基本面的信息：消费者的还款能力和消费者的还款意愿。所不同的是，传统征信中，数据依赖于银行信贷数据，而大数据并不仅仅包括传统的信贷数据，同时还包括了与消费者还款能力、还款意愿相关的一些描述性风险特征。利用大数据技术，能搜集许多的数据维度来描述，作为风险评估的重要依据。这样就使大数据征信不单一依赖于传统信贷数据，可以对传统征信无法服务的人群进行征信，实现对整个消费者人群的覆盖。人工智能时代的到来，首先解决的就是银行机构与普通人之间的信息不对称问题。传统银行无法获取用户的征信信息，人工智能通过技术、数据的手段可以构建出一个信用分析模型。同盾科技数据专家称，利用

梯度提升决策树、随机森林、神经网络、分群调整技术、增量学习技术等在内的机器学习算法，可以为缺少传统信贷记录的人群做出客观的信用分析评价，这就是大数据给传统银行业带来的全新的革命。

在风控和反欺诈方面，在泛互联网的环境里，银行业风控面临的传统个体欺诈已迅速演变为有组织、有规模的群体欺诈和关联风险。而传统反欺诈还停留在识别一度风险等这种简单规则方式，如联系人中借贷人个数等，对于二度、三度乃至更广范围的网络全局风险苦无良策。然而，机器学习里面基于图谱网络很好地解决了这一诉求，基于申请人、手机号、设备、IP 地址等各类信息节点构建庞大网络图，并可在此之上进行基于规则和机器学习的反欺诈模型实时识别。其中一个比较普遍的情况，人工智能可监测相关设备 ID 在哪些借贷网站上进行注册、同一设备是否下载多个借贷 App，可以实时发现多头贷款的征兆，把风险控制到最低。

在信贷逾期处理领域，大数据、机器学习等智能手段主要发挥两大作用。其一是提高平台响应的效率，从而提高回款率；其二是通过大数据模型，利用信用分等工具，对逾期后回款的概率进行预测。例如，一个逾期客户处于失联状态，该账户合同内相关的电话号码基本失效，或者紧急联系人能接通，但是不愿告知信息，又或者紧急联系人和借款人之间也失去了联系。无法有效的联系到借款人，就无法建立对话关系，那么再有效的策略也难以实施。结合大数据技术，能够挖掘并关联更多其他可联信息，支持更有效的客户触达；同时，通过对于借贷人在同盾合作的其他平台出现逾期记录、多头借贷或者经济法律纠纷的跟踪，智能判断借款人的经济状况恶化和信用风险恶化程度，并通知银行帮助银行及时进行风险预警。这对于银行的贷后管理来说，是一个显著的作用。

目前，越来越多银行积极布局大数据风控。例如，光大银行“大数据风控智能化数据产品——滤镜”、齐鲁银行“大数据风险信息服务平台”、民生银行“风险预警项目”、江苏银行“融创智库”大数据平台等。尽管当前金融服务的方式和工具都在随着技术的成熟发生变化，但金融的本质不会改变，即解决信息不对称的问题。而大数据恰恰提供了一个解决信息不对称问题的有效渠道。

第四节

商业银行营销领域的大数据应用

商业银行在日常经营管理过程中，会产生出大量的数据。在针对这些数据进行处理的时候，如果利用单一方式进行操作，那么势必会对商业银行的经营效果产生影响。因此，为了保证商业银行数据的真实性和有效性，同时提高数据的利用率，利用大数据可以实现精准营销。这样不仅能够实现可持续的营销计划，而且能够将一些潜在客户挖掘出来，为商业银行的未来可持续发展打下良好基础。

商业银行在大数据背景下精准营销模式的应用基础包括物理基础和数据基础。物理基础方面，在大数据平台的构建过程中，要从根本上意识到大数据平台对商业银行实现精准营销模式的重要性。商业银行可以利用 Hadoop 平台作为大数据框架的物理基础，先要对商业银行整体的数据量进行预估，来确定 Hadoop 中各个组件是否能够满足现阶段以及未来业务在处理时的个性化需求。数据基础方面，商业银行在日常经营管理过程中，会产生大量数据，其中包括客户信息数据、商业银行日常运作时产生的数据等。商业银行为了保证这些数据的真实性和有效性，提高数据的整体利用率，需要对数据进行整合分析。商业银行在针对内部、外部数据进行梳理、整合过程中，需要将不同类型的数据进行关联处理。只有将这些庞大的数据源关联成一个有机整体，并且构建出统一数据划分维度体系，才能够将这些数据科学合理的利用，同时为大数据平台的构建提供准确有效的数据提供支持。

当前商业银行精准营销的需求多样。一是客户挖掘功能的需求。在当前大数据背景下，商业银行在日常经营管理过程中，想要实现精准营销模式，就需要将大数据平台科学合理地利用起来，同时还要保证大数据平台中数据的真实性和有效性。精准营销模式的构建以及具体应用是为了能够寻找出准确的目标客户，商业银行只有找到精准的营销对象，才能够实现其最终的精准营销效果。在针对客户的时候，要从不同的角度出发对其进行挖掘，这样不仅能够从根本上挖掘出大量的潜在客户群体，而且能够保证这些客户群体的质量。二是智能决策引擎的需求。在大数据背景下利用精准营销模式挖掘出一批有潜能的客户群体之后，精准营销模式的下一步功能主要是针对一些具体客户群体。精准营销模式的应用需要结合商业银行的实际情况，为客户提供一套智能决策方案，其中包括一些准入判断、产品的详细推送以及一些具体的定价指导等。在智能决策引擎具体实施过程中，对于一些集团客户或者是一些上下游客户等，最好能够提供出完整的营销计划，这样能够在实践中将这些客户作为目标群体。三是业务统一工作平台的需求。精准营销系统在构建以及具体应用过程中，由于受到大数据平台的影响，所以该系统能够实现精准营销方案的制定、一些决策性计划的实施等。与此同时，该系统还能够与一些业务操作平台进行有效结合，为实现完整的精准营销模式打下良好基础。业务统一工作平台的构建以及应用，能够有利于实现精准营销模式整个流程的具体操作，同时还能够挖掘出一些潜在客户群体以及保证这些客户群体的质量。一直到业务各个环节完成之后，业务统一工作平台的任务才算完成，这样不仅能够从根本上促使业务操作流程缩短，而且能够为商业银行工作人员以及客户群体提供更多便利条件，同时还能够减少一些贷款前调查的复杂程序，真正实现精准营销的"一体化"操作模式。

互联网的发展使得大数据引起人们广泛关注。随着大数据在各个领域的广泛运用，大数据的总数量呈几何式增长趋势，其数量大、多样化、频率高及价值性的特征也随着技术的发展越来越显现。中国银行为了提升大数据的分析及应用能力，开启了以大数据技术为核心的发展道路。当前，中国银行使用大数据进行零售营销应用的战略思想是以平台为支撑构建大数据的技术体系，以数据为基础充分整合数据资源，以应用为驱动深入挖掘数据价值，以人才为核心提升数据分析能力。

一、大数据应用场景

在平台构建方面，中国银行大数据应用平台全面整合集团内外部数据，向全行提供便捷多样的数据服务，支持海量数据分析和价值挖掘，以优化客户体验，提升运营效率，提高风控能力，依托数据实现数字化、智能化，把数据转化为生产力。整合集团内外部各种类型的数据资源，依托丰富的计算能力，对海量数据进行清洗及标准化，以提供灵活、强大的数据服务，通过开放式应用接入机制，实现数据、技术与场景的融合创新。为实现个性化营销，建设了一套客户 360 度画像的标签体系，涵盖个人客户、企业客户及外部数据等客户标签，覆盖客户基础信息、兴趣爱好、社会属性、金融特征、客户价值和互联网特征等多种丰富的客户属性。搭建外部数据管理系统，对外部数据统一归口，通过申请、采购、发布、使用等线上流程，做到外部数据集中采购，被全行方便快捷地获取，避免重复投入，并且采用数据转换、数据关联、融合算法等技术，对行内外数据进行融合加工，进一步完善和丰富行内数据，不断充实行内数据资产。2018 年，中国银行大数据应用平台（BDP）首次上线。中国银行大数据应用平台全面整合集团内外部数据，向全行提供便捷多样的数据服务，支持海量数据分析和价值挖掘，以优化客户体验，提升运营效率，提高风控能力，依托数据实现数字化、智能化，利用大数据技术，发挥数据优势，把数据转化为生产力。平台整合集团内外部各种类型的数据资源，依托丰富的计算能力，对海量数据进行清洗及标准化，以提供灵活、强大的数据服务，通过开放式应用接入机制，实现数据、技术与场景的融合创新。

2012 年，中国银行成功推出金融业首个开放平台——中银开放平台（BOCOP），旨在通过金融资源的开放，以 API 方式向广大客户提供安全、稳定、简捷的金融服务，吸引广泛的行内外资源进行应用的汇聚，可以构建终端用户、开发者与银行互利共赢的"金融生态圈”。2013 年，中银开放平台 1.0 版正式上线，“中银易商”作为首个中银开放平台应用上线，2014 年中银开放平台 2.0 正式上线，此次上线接口数已经达到 1 683 个，同年，获得 2014 年 IDC 金融大奖，亚洲金融家组织把它评为当年最佳的金融云服务产品。这个产品的主要设计思路是把整个中国银行的大数据进行归并整理之后，开发 1 000 多个标准的 API 接口，这些 API 接口可以给中国银行的各大分行甚至客户使用，可以通过这些 API 访问和使用中国银行的数据，用于加工得到自己想要的相关结果，目前已经有很多分行利用这样的平台开发出了很多比较受欢迎的产品。中银开放平台通过整合各类银行的业务接口，打造一个平台，将金融服务于其他应用相结合，这种接入方式将各发布者开发的应用通过平台向广大客户进行展示，使银行、开发者以及用户之间的关系更加紧密，在三者互利共赢的基础上实现了金融生态圈的初步建立。

目前开放平台的产品主要依靠移动应用接入，开发者运用中银平台进行产品的开发流程很简单。首先客户需要申请成为开发者，然后创建应用、开发测试、提交审核、应用上线以及最后的产品优化及运营。中银开放平台目前已经上线的产品应用有 12 个，包括 e 社区生活通、中银代发薪、中银 E 校园、E 融汇、e 社区物管通、中银 e 充宝等，产品涵盖了人们生活中的各个方面。以 e 社区生活通为例，该应用通过对所居住小区进行定位，提供社区方方面面的服务，应用包括 4 大模块，物业管家、生活助手、惠聚天下以及同城集市。其中物业管家包括有物业管理的报事报修、物业费缴纳以及社区黄页的内容，而生活助手则包括 e 理财、e 缴费、e 健康、e 汇兑等 8 项业务。其中，e 理财目前仅包括短期低风险产品的购买，e 缴费则包括通信费、水电费、燃气费、交通罚款等 20 项缴费项目的缴纳。通过该应用，可以满足使用者衣食住行各方面的要求，为客户构建一个移动生态圈。中银开放平台的使用一方面通过为客户提供生活便利的方式获取客户依赖，另一方面为银行收集客户数据提供了基础。

在整合数据资源方面，除了通过中银开放平台整合银行内外渠道数据，中国银行还与互联网公司合作整合互联网数据资源，与腾讯携手成立的金融科技联合实验室，合作内容包括了云计算、大数据以及人工智能等高科技领域的研究与应用。当前人们对银行的要求已经不仅止步于价格与实用性的要求，更多的是对产品的个性化、趣味性、定制化提出了更高标准，中国银行通过与腾讯的合作，已经在大数据的应用方面取得了进展，有助于满足人们的需求。

中国银行以应用为驱动深入挖掘数据价值，在大数据应用的基础上建立精准营销平台。中国银行从营业网点角度和网上银行角度设立了精准营销平台。进行了线上客户和线下客户数据融合，结构化与非结构化数据融合，方便平台对客户进行更精准的描述，为营销业务提供依据。

二、实现途径

在技术上，中国银行搭建的大数据应用平台具有较强的储存和分析能力。平台具有高存储能力，通过建设基于 X86 体系的分布式文件系统，满足不断增长的存储空间要求，通过分布式并行读写及支持冷热数据异构存储等技术手段保证处理效率。平台还具有强计算能力，采用 X86 体系的分布式计算框架，可动态横向扩展服务器，提升算力，在平台内部引入共享算力池的概念，动态进行用户算力的临时分配和释放，以充分使用计算资源。多处理也是该平台的能力之一，通过语义分析、图像识别等技术，支持对于类似日志、影像文件、语音文件、纸质文件、xml 文件、doc 文件等非结构化、半结构化数据的采集、提取、转换和加工处理，并与结构化数据相结合，大大提升数据场景应用价值。此外，中国银行基于银行海量数据和标签体系支撑，引入大数据算法、机器学习、可视化技术，实现数据发现、商业智能、预测分析及建模训练等功能，支持业务人员对海量数据进行高效便捷地抽取、分析、转换、模型化处理等，为市场和产品开发提供决策支持。数字化营销应用采用大数据分布式架构，利用大数据机器学习方法进行全线上精准营销，便捷业务操作，一站式线上完成业务营销、运营管理工作。

在技术层面搭建全行大数据基础设施，构建企业级数据湖存储和处理海量异构数据，实现对银行传统数据处理技术的补充和突破；在数据层面融合贯通内外部数据，建立全行统一共享的标签体系，解决银行内外部数据融合和应用的难题，数据的可获得性增强，数据维度极大丰富；在应用层面实现 PB 级大数据可视化分析探索，建立数据沙箱首次推动全员分析和应用数据，释放数据的流动性和价值，支持复用平台的数据和计算能力快速构建大数据应用，目前已在数字化营销和风控等领域取得成效。

在管理方面，高度重视大数据的应用，根据业务发展融合贯通内外部数据，实现外部数据“一点管理，全行共享”。还建立了统一共享的标签管理体系，实现对客户画像的标签进行统一管理及可视化展示，提供全行统一、全面、共享的标签管理及服务。

三、数据管理能力成熟度评估

根据 DCMM，中国银行的数据管理能力成熟度处于稳健级，即第 3 级。

DCMM 将稳健级的特征定义为企业意识到数据的价值，在组织内部建立了数据管理的规章和制度；数据的管理以及应用能结合组织的业务战略、经营管理需求以及外部监管需求；建立了相关数据管理组织、管理流程，能推动组织内各部门按流程开展工作；组织在日常的决策，业务开展过程中能获取数据支持，明显提升工作效率；参与行业数据管理相关培训，具备数据管理人员。

1. 中国银行意识到数据的价值，建立了数据管理规章制度。中国银行整合集团内外部各种类型的数据资源，依托丰富的计算能力，对海量数据进行清洗及标准化，以提供灵活、强大的数据服务，通过开放式应用接入机制，实现数据、技术与场景的融合创新。在技术层面搭建全行大数据基础设施，构建企业级数据湖存储和处理海量异构数据，实现对银行传统数据处理技术的补充和突破，还在数据层面融合贯通内外部数据，建立全行统一共享的标签体系，解决银行内外部数据融合和应用的难题，增强数据的可获得性。

2. 中国银行的数据管理以及应用能结合组织的业务战略。中国银行高度重视大数据的应用，根据业务发展融合贯通内外部数据，实现外部数据“一点管理，全行共享”。还建立了统一共享的标签管理体系，实现对客户画像的标签进行统一管理及可视化展示，提供全行统一、全面、共享的标签管理及服务。中国银行以应用为驱动深入挖掘数据价值，在大数据应用的基础上建立精准营销平台，进行线上客户和线下客户数据融合，结构化与非结构化数据融合，方便平台对客户进行更精准的描述，为营销业务提供依据。

3. 中国银行建立了数据管理流程，推动各部门按流程开展工作。中国银行搭建了外部数据管理系统，对外部数据统一归口，通过申请、采购、发布、使用等线上流程，做到外部数据集中采购，被全行方便快捷地获取，避免重复投入，并且采用数据转换、数据关联、融合算法等技术，对行内外数据进行融合加工，进一步完善和丰富行内数据，不断充实行内数据资产。

4. 中国银行在日常决策中能获取数据支持。中国银行的大数据应用平台向全行提供便捷多样的数据服务，支持海量数据分析和价值挖掘，以优化客户体验，提升运营效率，提高风控能力，依托数据实现数字化、智能化，把数据转化为生产力。

后续发展过程中，中国银行发展其数据管理能力，将以量化管理级为目标。为了实现该目标，银行应当重视数据作为战略资产的重要作用，对已有的数据管理流程进行评估和优化，还要参考各类相关标准对企业的数据管理进行有针对性的提升。

四、小结

如今，受技术水平及宏观监管环境的限制，大数据在零售银行业务的运用主要集中在产品和服务的营销方面，在不久的将来，随着技术水平的发展及对大数据研究的深入，大数据的运用将取得更为广泛的运用前景，对大数据运用的研究对银行的发展具有深远的影响。

银行业在大数据存储和应用方面存在基础建设薄弱、分析能力不足等问题，通过大数据平台全面整合内外数据，实现全行共享复用，可实现 PB 级规模下的大数据可视化分析探索，最大程度释放数据的流动性和挖掘数据的价值。全面提升银行数据的存储、计算以及数据管理的能力，从根本上提升中行的数据存储计算能力。银行业传统的构建大数据应用过程中需要重复进行数据和应用建设，未来大数据应用需要基础支撑，支持各业务条线在大数据平台之上根据需求快速构建大数据应用。银行根据业务发展需要引入多种外部数据，但都分散在各应用系统中，并未集中存储管理，难以共享和重复使用，需要融合贯通内外部数据，实现外部数据“一点管理，全行共享”。银行业客户标签分散在各系统中，难以有效利用，需要建立统一共享的标签管理体系。有效改善现有标签各系统分散的现状，实现对客户画像的标签进行统一管理及可视化展示，提供全行统一、全面、共享的标签管理及服务。银行业传统营销方式多为广撒网式普遍营销，多个活动对客户造成打扰，且业务操作烦琐，活动成本攀高，通过大数据精准营销的方法可以准确定位目标客户，有效降低成本及对客户的打扰，提升活动效率和效果。

第五节

商业银行普惠金融的大数据应用

在互联网时代，银行业金融机构发展普惠金融面临拓展服务广度、提升服务水平、实现可持续发展的艰巨任务。大数据时代背景下发展普惠金融面临三大任务。一是要持续扩大普惠金融服务覆盖面。国务院印发的《推进普惠金融发展规划（2016—2020 年）》（以下简称《规划》）指出，普惠金融是指立足机会平等要求和商业可持续原则，以可负担的成本为有金融服务需求的社会各阶层和群体提供适当、有效的金融服务。在大数据时代，银行业金融机构可借助信息技术打通金融服务“最后一公里”，提高金融服务覆盖面、可得性。二是要持续提高普惠金融服务水平。《规划》指出，小微企业、农民、城镇低收入人群、贫困人群以及残疾人、老年人等特殊群体是当前中国普惠金融重点服务对象。但目前来看，银行业金融机构为这类特殊群体提供的多为存贷款等基础性金融服务，在提供定制化、个性化金融服务上发力不足。三是开展普惠金融要平衡商业性和普惠性。虽然普惠金融重视消除贫困、实现社会公平，但这并不意味着普惠金融就是面向低收入人群的公益活动。只有坚持商业可持续原则，建立健全激励约束机制，才能确保普惠金融发展可持续。因此，普惠金融仍然需要讲究市场性原则，在发展普惠金融过程中，既要满足更多群体尤其是低收入群体的需求，也要让金融供给方合理受益。金融与互联网、大数据的深度融合，有助于解决金融排斥问题，提高金融服务的包容性和可得性，更好地体现数字金融的普惠价值。对商业银行来说，加快大数据普惠金融创新，获取长尾金融市场是实现自身转型发展、提升核心竞争力的重要途径。

邮储银行从成立之初就坚持践行普惠金融理念，确立了“服务社区、服务中小企业、服务‘三农’”的大型零售银行战略定位。邮储银行充分发挥网络、资金和专业优势，形成差异化发展战略，大力服务小微企业，与其他商业银行形成互补，将“三农”金融服务打造成服务国家战略、落实零售银行战略的典范，取得了良好的社会效益。

一、大数据应用场景

在提供金融服务方面，邮储银行在信贷领域建设“信贷工厂”，采用自动化决策模型，实现业务自动审批，推进贷款流程优化；对小微企业、个体工商户等普惠金融主体客群推出了“邮 E 贷”系列产品；支持农商户“工业品下乡、农产品进城”，推出“掌柜贷”产品。此外，邮储银行以整合邮务、金融和速递物流三大板块资源为切入点，依托新技术，形成了“互联网金融 + 农村电商”“互联网金融 + 速递物流”“互联网金融 + 跨境电商”等“互联网金融 +”集团优势资源的新业务发展模式，很好地解决了普惠金融“最后一公里”的服务问题。

大数据和新技术不仅大幅提升了金融服务效率，也使风险控制精确量化成为可能，直接促进了普惠金融的发展。从邮储银行的实践探索来看，在前端，邮储银行充分利用互联网技术，推广移动展业，致力于对包括农户、商户和小微企业在内的广大客户实行专业化、标准化、流水线式的金融服务；在中端，充分利用大数据技术，积极探索“信贷工厂”模式，建立信息更全面、更完整的信用风险模型，有效甄别不良客户，降低信用风险带来的损失；在后端，基于大数据平台，通过数据挖掘和分析技术的应用，实现行内外各类信息的集中整合和共享，做到风险早识别、早预警、早处置。邮储银行还将运用大数据、云计算、区块链、人工智能等新技术，加强科技对经营管理的支撑能力，积极打造面向未来的智慧银行，并将智慧银行建设作为转型发展的基本方向，努力实现内涵式增长与集约化经营。

在服务场景方面，邮储银行推出“邮储食堂”特色场景，发行“邮储食堂主题信用卡”，打破传统金融服务的界限，搭建支持实体、普惠民生的会员增值服务平台，助力改善客户结构、增强客户黏性、实现为网点引流和赋能。随着用户规模快速发展，“邮储食堂”在银行获客、活客方面起到了积极的推动作用。一方面，“邮储食堂”通过“线上 + 线下”的新零售模式，进一步拓宽获客渠道；另一方面，丰富手机银行服务场景，有效提升了手机银行客户活跃度。“邮储食堂”自上线以来，目前实名用户规模已突破2 000万户。在线上开户中，与腾讯合作发行腾讯联名卡虚拟主题卡，与中国银联合作发行农民丰收卡虚拟主题卡，并针对目标客户提供相应权益，更好地满足不同客群的金融需求。电子支付方面，与财付通、支付宝等互联网企业的电子支付交易保持快速增长势头。截至2019年年末，快捷支付绑卡账户规模达到2.74亿户。此外，在网络贷款方面，对外借力平台合作助推零售信贷业务场景化发展，与蚂蚁金服、度小满金融等合作的“邮信贷—花呗”“邮信贷—借呗”“邮信贷—有钱花”以及“网商贷”等系列产品陆续上线，实现线上获客、授信审批、贷后管理全方位合作。

在产品和服务创新方面，为了更好地服务实体经济发展，解决小微、“三农”等经济薄弱环节的融资难题，邮储银行不断优化线上贷款产品，通过打造“小微易贷”、小额“极速贷”等大数据拳头产品为海量用户提供便利。数据显示，2019年，邮储银行小额贷款线上贷款放款笔数占全部放款笔数的比例已经超过60%。小额“极速贷”产品在纯信用线上贷款的基础上，通过“线上评估房产价值+线下办理抵押登记”相结合的方式，进一步扩大客户服务范围，全年小额“极速贷”净增近300亿元。邮储银行互联网小额贷款模式大幅提升了农户、个体工商户、小微企业主的贷款获批时效，促进了小额贷款从劳动密集型向科技赋能的集约型转变。同时，邮储银行还积极布局线上服务功能，客户可以通过手机银行、网银、邮E贷APP、实体服务网点等线上和线下各类渠道获得消费信贷服务。推进独具特色的O2O服务模式，实现业务全面线上化转型，其中全年非房消费贷款线上发放率超90%。创新性的产品和服务在普惠金融领域树立了标杆。

在普惠金融的客户维护、智能营销、风险防控的工作中，邮储银行同样具备非常专业的系统与实操经验。从客户维护方面来看，通过细分客群，按照微型线上化、小型标准化的模式，引入税务、发票、电力等外部数据，建立综合数据评价模型，实现客户信用的精准画像与快捷评价。同时，邮储银行打造政务大数据、产业链和渠道引流三类数据对接，实现31个省银税直连，通过拓展获客渠道，借助信息服务类企业资源开展客户导流，持续搭建营销场景。在运营方面，邮储银行开发线上支用与还款渠道，运用电子签名、电子地图、人脸识别等功能，推进移动展业，实现运营自动化。在风控方面，邮储银行依托大数据技术，加强贷前负面信息筛查，自动识别贷中风险，实现贷后自动监控和预警，建立数据驱动的全过程风控体系。

二、实现途径

技术方面，邮储银行通过信息化建设自主可控，有力推动业务发展走普惠金融之路。

一是加大基础软硬件的国产化力度，邮储银行在推进国产软硬件系统应用方面做出了积极的努力。二是在核心系统建设方面，坚持开放平台，利用集群技术，走自主可控的信息化建设之路。三是在主要系统中大力推广国产化软硬件，在其他关键系统中引入了国产化软硬件。此外，邮储银行以移动互联新思维和大数据分析的两个技术能力突破为基础，通过实现产品服务智慧化、业务生产智慧化和经营管理智慧化，推进业务和科技的创新与融合，全面提升银行普惠金融服务能力。

要实现科技创新，首先要保证底层架构、核心系统的建设完备以及大数据库的快速挖掘。邮储银行给予科技创新一系列政策支持，包括深化 IT 治理，全力推动“十三五”IT 规划实施，提升自主研发和系统运维能力，强化数据治理和大数据应用，为邮储银行数字化转型和高质量发展提供有力支撑。从自主研发层面来看，邮储银行在新一代个人业务核心系统建设、“双模 IT”、数据治理、云服务架构体系的搭建等多方面取得进展。以新一代个人业务核心系统建设为例，邮储银行积极学习领先的企业级业务架构和建模经验，借鉴互联网分布式架构理念，完成新一代个人业务核心系统项目预研和业务需求、技术方案编制。在技术方面，新核心系统的建设基于开放平台、分布式架构、单元化设计、采用 X86 服务器的核心银行系统，满足核心业务超大规模并发处理及业务创新快速响应的需求。

在管理方面，为更好地践行普惠金融，邮储银行进行“三农”金融事业部改革，由专门机构提供专业服务，通过专门产品支持农业生产、专门模式破解融资困境。为更好地服务小微企业，邮储银行积极布局国家高新技术产业开发区、经济技术开发区、现代农业示范区等领域，创新特色产业集群集约化服务举措，积极建设小微企业特色支行、现代农业示范区支行和金融扶贫示范支行等专营机构，邮储银行将充分发挥网络优势，依托各级中小企业主管部门政策支持，建设 600 家小微企业特色支行。

邮储银行践行“科技兴行”战略，重视对于科技的投入。数据显示，邮储银行的信息科技投入从 2018 年的 71.97 亿元提升至 2019 年的 81.80 亿元，在营收中占比 2.96%。2019 年，邮储银行信息化工程计划建设 255 项，实际建设 270 项；计划上线 130 项，实际上线 164 项。邮储银行还设立科技创新基金，加大新技术研究和应用。尤其是在云计算方面，基于 Open Stack 开放云平台，构建了“两地三中心”云服务架构体系，提升了研发效率。截至 2019 年年末，邮储银行生产系统云平台有效支持了手机银行、网上银行、渠道管理平台、第三方支付等 60 个系统，日均交易量达到 3.78 亿笔，超过全行交易总量的 80%。此外，邮储银行全面推进与互联网平台业务合作，打造“优势互补、资源共享、双重独立风控”的合作模式，2019 年通过平台合作放款金额近 1 000 亿元，主动授信客户超 870 万户。邮储银行已经与腾讯、蚂蚁金服、京东数科、度小满金融、小米金融等多家头部互联网企业深化沟通交流、扩大合作领域、提升合作层次，大力挖潜新零售，提升数字化运营能力，并在网点转型、线上开户、电子支付、网络贷款等多方面取得突破。

三、数据管理能力成熟度评估

根据 DCMM，邮储银行的数据管理能力成熟度处于受管理级，即第 2 级。

DCMM 将受管理级描述为组织已意识到数据是资产，根据管理策略的要求制定了管理的流程，指定了相关人员进行初步管理，具体特征如下：意识到数据的重要性，并制定部分数据管理规范，设置了相关岗位；意识到数据质量和数据孤岛是一个重要的管理问题，但目前没有解决问题的办法；组织进行了初步的数据集成工作，尝试整合各业务系统的数据，设计了相关数据模型和管理岗位；开始进行了一些重要数据的文档工作，对重要数据的安全、风险等方面设计相关管理措施。

1. 邮储银行意识到数据的重要性，制定了管理流程。邮储银行一直深知信息科技工作的重要性，并提出以解决制约信息科技发展瓶颈问题为突破点，给予科技条线一系列政策支持，包括深化 IT 治理，全力推动“十三五”IT 规划实施，提升自主研发和系统运维能力，强化数据治理和大数据应用，在底层架构、核心系统的建设完备以及大数据库的快速挖掘方面制定了相应的政策。

2. 邮储银行尝试整合各业务系统的数据，设计了相关数据模型。以新一代个人业务核心系统建设为例，邮储银行积极学习领先的企业级业务架构和建模经验，借鉴互联网分布式架构理念，完成新一代个人业务核心系统项目预研和业务需求、技术方案编制。基于开放平台、分布式架构、单元化设计、采用 X86 服务器的核心银行系统，满足核心业务超大规模并发处理及业务创新快速响应的需求。

为了让自身的数据管理能力尽快提升到稳健级，邮储银行尝试从以下方面进行努力。首先是在银行内部建立系列的标准化管理流程、建立数据管理的规章和制度，其次是建立相关数据管理组织，培训数据管理人员，使银行在日常的决策、业务开展过程中能获取数据支持，明显提升工作效率。

四、小结

中国的大数据普惠金融起步晚、发展慢，与 P2P 新型互联网金融相比，商业银行普惠金融信贷产品创新明显缓慢和滞后。对于商业银行而言，发展普惠金融不仅仅是完成政治任务，更是自身转型发展的“蓝海”选择，商业银行将互联网、大数据技术应用到普惠金融领域，将在一定程度上解决银企信息不对称、业务可得性低、经营成本高等问题，并依托大数据实现线上获客、批量获客和精准营销，实现规模效应。为了更好地发展大数据普惠金融，商业银行可以从以下方面进行创新。

一是加强“大数据+金融”复合型人才队伍建设。商业银行要提高认识，从战略高度认识到开展大数据普惠金融创新、获取长尾金融市场是实现自身转型发展、提升核心竞争力的重要途径。要实施人才兴行战略，推进自身大数据金融人才队伍建设。首先，加强专业化人才引进，也可通过与高校合作定制培养“大数据+金融”复合型人才。其次，加强岗位技能锻炼，完善人才交流和轮岗制度，加强人才在数据技术岗位和业务岗位的交流，通过在数据技术岗位和业务岗位的全方位的锻炼，培养金融知识、实践能力、数据应运、系统建模等复合型技能，锻造实践经验，打造专业、职能化技术团队。

二是加快大数据化平台建设。首先，加强大数据整合和共享，在大数据时代，商业银行现有的数据库无法满足半结构化甚至非结构化的数据处理要求，必须进行大数据融合，以减少信息孤岛和信息囚笼。因此，商业银行必须打破传统数据边界，加强与工商、税务、公安、民政、海关、征信、产业链、通信行业、社交网络等行业的合作，建立数据共享机制，获取更多数据信息。其次，加强数据体系建设，搭建数据分析平台，提高数据应用能力和业务价值。在硬件方面，加强大数据库建设，实现多系统、跨行业数据的整合；在软件方面，加强软件开发，提高数据存储能力和非结构数据分析处理能力；在系统建模方面，根据企业水电消耗、原料采购、销售、纳税、资金流动性以及企业主要负责人日常行为等数据，通过机器学习，不断总结数据之间的内在关系，建立模型，结合第三方交叉校验，对客户进行精确辨别、计量和定位，以提供合适的信贷产品。

三是加快大数据普惠金融信贷产品开发创新。应用大数据，围绕客户需求，围绕“普”和“惠”开发创新特色信贷产品，探索构建互联网普惠金融服务超市。商业银行针对自身P2P网贷业务短板，基于大数据平台构建，通过智能化和多样化手段，进行信贷流程再造和产品创新，如结合小微企业进出口、纳税、供应链、电商平台交易、快捷抵押、物流运输等经营情况推出相应的线上融资产品，满足小微企业“短、小、频、急”的需求。

四是建立大数据风险监控体系。深化内外部数据应用，建立贷后管理模型。实现数据导入自动化，将工商红盾、人行征信、税务信息、财务报表、交易结算等行内外数据自动导入小微信贷贷后管理模型，模型涵盖信贷资金的使用、原材料购入、产品出入库、销售、纳税等信息。通过系统实现信贷资金追索的自动化，与系统自动收集的发票进行比对分析，检验信贷资金是否合规使用。完善数据化普惠金融欺诈合规风险监测体系，依托银行内外部风险数据和交易数据，通过贷后监控实时判断，实现系统自动化风险识别和预警，提示客户经理及时开展贷后调查任务。

本章复习题

1. 简述大数据通过什么机制驱动银行的发展。
2. 工商银行的大数据平台分为几层？每一层分别有什么作用？
3. 农业银行应用的知识图谱技术相对于其他行业知识图谱有什么创新？
4. 民生银行应用了哪些技术提升科技对风险管理的支撑能力？
5. 中国银行的数据管理以及应用是如何结合组织业务战略的？
6. 中国大数据普惠金融未来的发展重点有哪些？

第五章　大数据在证券业的创新应用

【本章重要知识点】

1. 大数据在证券公司的零售业务、智能投顾、资产管理等方面得到应用。未来将会向提高数据安全程度、优化大数据算法、积极引进专业人才等方面不断发展。

2. 证券公司的业务转型为大数据技术提供大量的应用场景，大数据技术也将助推证券公司业务的成功转型，零售业务是证券公司最重要的基础业务，合理运用大数据技术，实现零售业务的数字化运营，提高客户服务的效率及质量尤为重要。

3. 智能投顾成为财富管理新“蓝海”，是近年证券公司应用大数据技术匹配客户多样化需求的新尝试之一。广发证券利用最新的互联网技术和金融科技为客户提供智能化、个性化的投资理财服务，开发了自己的智能金融投顾产品。此外，摩羯智投以现代投资组合理论为基础，运用机器学习算法，融入招商银行10多年财富管理实践及基金研究经验，并在此基础上，为使用者构建以公募基金为基础的、全球资产配置的智能基金组合配置服务。

4. 了解东方财富、广发证券、摩羯智投等证券机构的数据管理成熟度等级和数据管理发展方向。

第一节

大数据在证券业的应用情况和发展趋势

在证券公司的业务中，大数据主要在零售业务、智能投顾、资产管理等方面得到应用。券商零售业务是证券公司的基础业务和销售前端，互联网金融的崛起和轻型营业部的布局，已经对券商的管理模式转变起到重要的推动作用，对于金融业来说，互联网带来的最大一个优势便是信息的采集成本大幅度降低，在大数据时代的背景下券商迎来了新一轮转型的契机。互联网对券商业务根基的颠覆将会集中出现在金融的脱中介化，券商的职能也会随之出现巨大的变化。

智能投顾方面，其依托大数据技术，利用云计算和数据挖掘等对相关数据进行采集，包括客户自身的交易习惯、偏好和历史交易情况，以及客户偏好的金融投资类型的实时数据，根据采集的数据建立量化投资模型，模拟出最佳方案。

资产管理方面，大数据技术为证券公司带来更大范围的数据，使其对投资者的资金管理方式和偏好有了更精准的了解，从而分析得出不同投资方式以及投资类型的收益率等数据。一方面，大数据资产管理业务可以吸引更多的投资者将自身资产投入证券公司；另一方面，也可以加强证券公司的资产管理能力。

大数据技术在证券公司业务处理中的重要性越来越高，是证券公司提高自身发展前景的重要技术。未来证券业的大数据应用发展将会向提高数据安全程度、优化大数据算法、积极引进专业人才等方面不断发展。

第二节

证券业的业务模式数字化转型

作为国内互联网证券的代表，东方财富的转型成功依赖于其战略端的有效布局加上业务模式的创新，对比传统券商更具互联网思维与创新活力，大数据技术贯穿其战略发展过程。

一、大数据应用场景

业务定位方面，东方财富证券业务为客户需求驱动，是一家以标准化的零售证券业务为当下重点的互联网零售券商，业务模式表现为通过不断完善金融牌照满足客户全方位的金融需求。其客户群体聚焦于长尾端客户，该类客户在证券市场的需求主要有成本控制、交易终端功能、服务响应，定制化需求相对较少。东方财富将长尾客户的海量数据存储起来进行分析，从而为其提供更好的产品和服务。

运营模式方面，东方财富在发展过程中形成了垂直财经门户、基金门户网站、社区用户交流平台、交易终端四大平台，成为企业引入流量的入口，依靠线上流量、低成本和积累的金融领域经验知识在行业占据一席地位。大数据和互联网技术为东方财富稳定和发展线上流量、降低管理成本以及将金融与技术更好地结合提供了途径。

盈利模式方面，东方财富主要靠零售业务提供营收，这是由于互联网券商的特征，即拥有数据支撑、技术优势和便捷的流程，低成本优势及流量优势明显，同时现阶段只有标准化的零售业务可以迁移至线上进行操作。现阶段东方财富通过零售业务兑现流量红利，快速提升优质客户占比，然后逐步往财富管理方向转型。

二、实现途径

在技术方面，公司高度重视技术研发、科技赋能，依托大数据、云计算等，不断创新技术、更新产品，实现技术领先。技术领先依赖大量研发投入，无论是研发人员，还是研发投入占比，东方财富都要高于其他券商。连续多年的高研发投入有助于公司各类软件、终端、平台的优化，从而更好地契合客户的使用需求。

在管理方面，公司取得了券商业务全牌照，对于资产采取线上轻资产运营，有能力以较低的佣金为客户提供专业的金融服务。此外，东方财富将旗下各个业务模块进行协同发展，实现流量的互相促进。

三、数据管理能力成熟度评估

根据 DCMM，东方财富的数据管理能力成熟度处于受管理级，即第 2 级。

DCMM 对受管理级进行了如下描述，组织已意识到数据是资产，根据管理策略的要求制定了管理的流程，指定了相关人员进行初步管理，具体特征如下：意识到数据的重要性，并制定部分数据管理规范，设置了相关岗位；意识到数据质量和数据孤岛是一个重要的管理问题，但目前没有解决问题的办法；组织进行了初步的数据集成工作，尝试整合各业务系统的数据，设计了相关数据模型和管理岗位；开始进行了一些重要数据的文档工作，对重要数据的安全、风险等方面设计相关管理措施。

1. 东方财富已经意识到数据是资产。大数据技术贯穿其战略发展过程，在战略端就对数据进行有效布局，在此基础上进行业务模式的创新，对比传统券商更具互联网思维与创新活力。

2. 东方财富进行初步的数据集成工作，设计了相关数据模型。东方财富将长尾客户的海量数据存储起来，进行分析，从而为其提供更好的产品和服务。进行了大量研发投入，依托大数据、云计算等，不断创新技术、更新产品，进行数据管理。

接下来，东方财富的数据管理能力将向稳健级迈进。为了达到稳健级，东方财富要建立数据管理的规章和制度，结合组织的业务战略、经营管理需求以及外部监管需求来对数据进行管理和应用，逐步提高数据对业务的支持能力，还要培养专业人员对数据进行管理，在组织层面制定系列的标准化管理流程，促进数据管理的规范化。

四、小结

当前证券行业竞争压力与日俱增，证券公司转型刻不容缓，大数据技术的应用为证券业务模式升级提供助力。

证券公司的业务转型为大数据技术提供大量的应用场景。首先，证券公司在零售业务转型财富管理过程中，对客户的个性化、综合化的服务要求产生了对大数据技术的应用需求；在深耕机构业务的过程中，来自与机构客户相关的产品创设、销售以及投资管理等需求也将与大数据技术产生重要联系。其次，多维度的数据源为大数据技术应用提供重要的分析基础。证券公司不仅能获取来自互联网新闻等非结构性文本类数据，而且可以快速积累来自外部的交易数据，以及内部的客户行为数据。最后，基于大数据的深度学习算法在自然语言处理、语音语义识别、图像识别等领域的突破，以及 TensorFlow 等各类算法开源平台的发布，为大数据技术提供有力的算法保障；GPU/TPU 等芯片技术的飞跃发展、5G 等新一代通信技术的日趋成熟，为大数据技术应用提供有力的物理保障。总体而言，随着大数据时代来临，证券行业具备了全面应用大数据技术的条件，大数据技术将助推证券公司业务的成功转型，持续发展大数据技术的证券公司将引领行业的未来。

传统券商在业务模式方面，可以以客户需求为导向，充分利用大数据技术来优化产品和服务。随着互联网技术的快速发展，做精做强零售业务。零售业务是证券公司最重要的基础业务，合理运用大数据技术，实现零售业务的数字化运营，提高客户服务的效率及质量尤为重要。证券公司能够服务多少客户、管理多大的团队、经营多少营业网点，与其对大数据应用的能力息息相关。通过大数据技术的应用，公司不仅有效提升各级管理的运营效率，而且大幅提升客户的服务质量。目前，产品同质化也困扰着整个证券行业，证券公司更需对客户进行深入分析和细分管理，通过精准营销为其推送合适的产品服务。而精准营销的核心在于对用户进行画像描绘，而大数据技术的应用能够帮助证券公司更好地做到这一点。通过提取客户投资交易等核心数据，分析其投资习惯、品种偏好以及风险承受能力等深度信息，进而有针对性地对其展开产品营销活动，从而提高营销成功率。

第三节

证券业智能投顾中的大数据应用

智能投顾成为财富管理新“蓝海”，也是近年证券公司应用大数据技术匹配客户多样化需求的新尝试之一。该业务提供线上的投资顾问服务，能够基于客户的风险偏好、交易行为等个性化数据，采用量化模型，为客户提供低门槛、低费率的个性化财富管理方案。

一、广发证券“贝塔牛”

“贝塔牛”是一款基于互联网技术和金融工程理论，以策略多样化、投资组合化、操作指令清晰以及可一键跟单为亮点的智能金融投顾产品，利用最新的互联网技术和金融科技为客户提供智能化、个性化的投资理财服务。

（一）大数据应用场景

面对A股市场，“贝塔牛”将自己研发的量化投资研究成果应用于“i股票”服务，基于投资者的风险偏好、资金规模、市场信号等数据为客户定制A股市场的投资计划和策略。数据驱动配合研发的投资模型，“贝塔牛”的股票服务得到普遍应用和好评。

面对投资者的投资需求，“贝塔牛”的“i股票”使用MV模型、B－L模型、精算模型等，将客户的个性化需求与智能投顾体系和算法结合，能够为客户提供个性化大类资产配置建议。

为了培育客户对智能投顾的信任，“贝塔牛”还开发了大数据用户画像技术，生成专业化的投资分析报告，用数据和图像对比客户和智能投顾的投资能力；此外，还利用大数据技术与用户画像系统开发用户持仓诊断功能，深入分析客户的历史收益率等，生成智能投资计划。

（二）实现途径

技术方面，“贝塔牛”基于互联网技术和金融工程理论，利用技术测度投资者的个人信息、投资喜好、风险偏好及风险承受能力，形成精准的客户画像，并据此给客户提供股票策略和大资产配置策略，为客户提供智能化、个性化的投资理财服务，给客户良好的产品使用体验。此外，“贝塔牛”充分利用了大数据和大数据技术，利用大数据分析模型分析交易数据、挖掘市场数据、分析行业信息，对大数据的分析还能为公司提供客户的投资偏好，帮助挖掘客户潜在需求，增强投资业务的针对性。

广发证券运用大数据技术推动去中心化的分布式管理。在这套管理体系下，不仅可以采用数字化的工具为一线员工提供精良的装备，驱动员工自我发现问题与改变战法，还可以借助制度与技术的力量，实现整个生态系统的自我纠偏和完善。广发证券的分布式管理体系中，“金钥匙”是基础任务分发平台，公司的各大互联网终端负责收集客户的需求，经过金钥匙平台的算法分析后分派给全国各地的 7 000 名理财顾问，并按照服务响应时间、客户满意度以及业务转化率对业务进行管理和优化。同时，根据公司内多平台数据资源，广发证券自主开发的“经营驾驶舱”，可提取其中与业务经营最相关的信息，根据各级管理人员和员工的需求为其提供不同侧重点的数据支持，高层管理人员着重对全局的把握以便及时调配资源，中层管理人员围绕 KPI 完成与系统内排名变动及时调整经营策略，基层人员则重点关注管辖客户、资产与个人绩效钱包。

（三）成熟度模型评估

根据 DCMM，广发证券的数据管理能力成熟度处于受管理级，即第 2 级。

DCMM 中受管理级的特点是企业意识到数据的重要性，并制定部分数据管理规范，设置了相关岗位；意识到数据质量和数据孤岛是一个重要的管理问题，但目前没有解决问题的办法；组织进行了初步的数据集成工作，尝试整合各业务系统的数据，设计了相关数据模型和管理岗位；开始进行了一些重要数据的文档工作，对重要数据的安全、风险等方面设计相关管理措施。

1. 广发证券已经意识到数据是资产，制定了部分数据管理规范。广发证券推动“去中心化”的分布式管理。在这套管理体系下，运用大数据技术为一线员工提供数字化的工具，驱动员工自我发现问题与改变战法；还可以借助制度与技术的力量，实现整个生态系统的自我纠偏和完善。

2. 广发证券进行了初步的数据集成工作，设计了相关数据模型。例如在“贝塔牛”产品的研发中，使用MV模型、B－L模型、精算模型等，还开发了大数据用户画像技术，利用大数据技术与用户画像系统开发用户持仓诊断功能，生成智能投资计划。

为达到数据管理能力的稳健级，广发证券可以从以下几个方面进行提升。第一是建立和完善数据管理的规章和制度，促进数据管理的规范化。第二是数据管理要结合组织的业务战略、经营管理需求以及外部监管需求，组织在日常的决策、业务开展过程中能获取数据支持。第三是培训数据管理人员，建立相关数据管理组织、管理流程，能推动组织内各部门按流程开展工作。

二、摩羯智投

作为招商银行智能投顾系统，摩羯智投是以现代投资组合理论为基础，运用机器学习算法，融入招商银行10多年财富管理实践及基金研究经验，并在此基础上，为使用者构建以公募基金为基础的、全球资产配置的智能基金组合配置服务。摩羯智投会帮助使用者在确定投资期限和可承受风险等级后自动构建出相应的基金组合，用户一旦点击“立即购买”即可按其建议比例购入不同类型的基金，并享受风险预警、调仓提示、一键优化等售后服务。

（一）大数据应用场景

在客户挖掘方面，摩羯智投紧抓长尾客户，顺应需求。中国的“千禧一代”见证了计算机技术的创新更替，对自动化、互联网智能化都能轻松接受，更愿意尝试摩羯智投这类新兴的智能投顾产品。美国大部分智能投顾公司以5 000美元为投资门槛，而摩羯智投的投资起点仅为2万元人民币，发挥了智能投顾低门槛的优势，大大满足了长尾客户与“千禧一代”的理财需求。摩羯智投购买及操作流程方便快捷，只需将摩羯智投产品与客户的招行储蓄卡绑定即可，申购成功后客户通过招行手机银行客户端随时随地查看账户动态。

在优化资产组合方面，摩羯智投系统在大数据支撑的基础上，施行自动化的全天候、多象限的市场跟踪和监控。系统会根据最新的市场行情，每日对客户的资产组合的波动情况及配置比例进行检测，自动进行指数编制和分类优化。一旦客户当前所持有的产品组合中各类资产的比例与最优配置比例偏离，超出了系统预设的警戒线，系统就会自动调整，达到当前最优配比，根据事先运算出的申购或赎回金额，经客户允许后，免密执行一键优化交易。长期投资中，摩羯智投一键优化的优势更为明显，通过动态调整客户的组合配置，可以实时有效地规避市场波动带来的风险。

在客户体验方面，摩羯智投做到了人性化服务。摩羯智投的操作界面，与客户交流的是摩羯机器人，“他”能第一时间回答客户提出的有关产品及投资的问题，机器人的准确回答得益于数据的存储和运算以及相关信息技术。如果遇到复杂的问题，摩羯机器人一时不能给予回应，系统则会自动帮助客户转入人工服务，一旦人工客服也不能解决，则会反馈到总行，让总行相关部门帮助解决。人性化的客户体验是摩羯智投获客的基础，也是未来发展的重要方向之一。

在服务模式方面，摩羯智投提供了贯穿售前、售中、售后的服务链。客户在申购过程中根据自身大致投资期限、风险承受级别这两个重要因素，通过摩羯智投提供的模拟历史年化业绩及模拟历史年化波动率选择适合自己的摩羯智投产品。系统会基于客户数据和对数据的分析自动配置最优资产组合。依托大数据、云计算相关技术，实现为客户个性化推荐和服务，根据客户风险收益情况来配置客户的资产，避免了传统人工理财投资顾问主观上的偏差、专业能力不足等问题，也不会因为理财经理的情绪波动致使客户出现不必要的损失。每月还会提供月度运作报告，让投资人能更好地掌握自己所购买的组合运作情况，个性化服务做到了细致入微。

（二）实现途径

技术方面，第一层次基础技术支撑来源于数据和运算平台，包括数据传输、运算、存储等，摩羯智投基于招行强大的客户和产品数据，已经积累较为丰富的数据分析经验。第二层次人工智能技术是利用基础资源和大数据进行机器学习建模，包括感知智能和认知智能，摩羯智投在投资建模方面取得了较好的效果，并且在语音语义识别等感知领域加快步伐。第三层次人工智能应用是将人工智能实现多场景应用，与传统业务更紧密地结合，基于公募基金组合配置场景的应用逐步优化完善，在更多场景的应用也在持续不断地探索。

管理方面，摩羯智投依托招商银行的资源和技术以及管理经验，发展迅速。招商银行拥有大量优质客户，并且非常注重线下服务，在私募与公募的代销方面，也具有突出的影响力。摩羯智投融合了招行多年的基金研究与财富管理经验、得天独厚的优质客户资源、良好的品牌效应和人工智能、大数据，跟随全球金融科技的步伐，不断发展。

（三）成熟度模型评估

根据 DCMM，摩羯智投的数据管理能力成熟度处于受管理级，即第 2 级。

DCMM 将受管理级描述为组织已意识到数据是资产，根据管理策略的要求制定了管理的流程，指定了相关人员进行初步管理，具体特征如下：意识到数据的重要性，并制定部分数据管理规范，设置了相关岗位；意识到数据质量和数据孤岛是一个重要的管理问题，但目前没有解决问题的办法；组织进行了初步的数据集成工作，尝试整合各业务系统的数据，设计了相关数据模型和管理岗位；开始进行了一些重要数据的文档工作，对重要数据的安全、风险等方面设计相关管理措施。

1. 摩羯智投能够意识到数据的重要性。依托于招商银行的管理经验，摩羯智投非常注重数据的相关应用，利用大数据的支撑，进行客户挖掘、优化资产组合、客户体验、服务模式等方面的创新。

2. 摩羯智投尝试整合各业务系统的数据，设计了相关数据模型。第一层次基础技术支撑来源于数据和运算平台，包括数据传输、运算、存储等。第二层次人工智能技术是利用基础资源和大数据进行机器学习建模，包括感知智能和认知智能。第三层次人工智能应用是将人工智能实现多场景应用，与传统业务更紧密地结合，基于公募基金组合配置场景的应用逐步优化完善。

为了达到下一级别，即稳健级，摩羯智投可以尝试从以下方面进行努力。首先是在银行内部建立系列的标准化管理流程、建立数据管理的规章和制度，其次要建立相关数据管理组织，培训数据管理人员，使银行在日常的决策，业务开展过程中能获取数据支持，明显提升工作效率。

三、小结

智能投顾在客户资料收集分析、投资方案的制定、执行以及后续的维护等步骤上均采用智能系统自动完成，且具有低门槛、低费率等特点，因此能够为更多的零售客户提供定制化服务。随着线上投顾服务的成熟以及未来更多基于大数据技术的智能投资策略的应用，智能投顾有望从广度和深度上将证券行业带入财富管理的全新阶段，为未来政策放宽证券公司投资顾问从前端佣金收费向后端的管理费收取模式转变进行探索准备。

近几年智能投顾业务在国内外均取得快速发展，境外领先的金融机构先锋及嘉信的智能投顾业务已经分别管理了数百亿美元的规模。国内的机构在该业务领域也开始起步，广发证券的“贝塔牛”以及招商银行的“摩羯智投”均为所属行业的代表产品。虽然目前国内该业务的用户体量尚无法与美国市场相比，但国内财富管理领域存在较大的需求，同时证券公司在客户的数据储备以及互联网技术应用上也具有较大优势，因此未来有望借助大数据技术大力发展该业务，实现传统经纪业务向财富管理的成功转型。

大数据推动着证券行业在投资顾问领域的变革，证券公司智能投顾系统基于大数据的关联推荐机制，解决客户需主动搜寻相关服务的痛点，变“被动服务”为“主动服务”。

通过大数据实现证券公司智能投顾有重大意义。首先，大数据全面提升了证券公司内部效率和服务水平，提升存量客户的黏性、促进潜在客户的挖掘和向新客户的转化；其次，大数据技术有助于深度分析客户，将合适的产品提供给合适的客户；最后，大数据助力证券公司向财富管理转型，为行业适当性管理提供借鉴。未来可以进一步打造人机合作机制，实现定制的个性化服务，要充分利用大数据技术创设投资产品、与客户进行全生命周期的互动。

本章复习题

1. 大数据技术为证券公司资产管理方面带来哪些提升？
2. 传统券商在业务模式方面如何利用大数据技术进行优化升级？
3. 广发证券是怎样使数据服务于业务战略和经营决策的？
4. 摩羯智投的智能投顾业务与人工投资顾问有什么不同？其是如何实现的？

第六章　大数据在保险业的创新应用

【本章重要知识点】

1. 大数据在中国保险业的主要应用包括险种创新和精细化定价、基于客户画像的精准营销、健康长期的客户服务管理体系以及大数据智能风控等，未来，大数据会在保险行业得到更深入的应用。

2. 数据是保险业务创新的核心。未来保险产品的差异化体现在各个保险公司数据模型的独特性上，产品和服务的差异化竞争将演化为数据量和数据能力的竞争，保险公司在应对未来挑战时，不仅仅需要技术储备，更需要有数据储备。

3. 中国平安利用服务和技术创新，在保险行业的平安产险、平安人寿和平安养老都推了智能服务，成为中国保险公司基于互联网的服务创新时代的开端。作为国内第一家由传统保险集团发起成立的互联网保险子公司，泰康在线运用新型科技积极探索互联网保险业务，将“保险+”策略作为公司首要战略，将大数据等新型科技融入新产品当中。

4. 大数据的发展极大地提高了保险公司的风控水平。众安在线从成立之初就完全实现在线核保、承保、理赔等专业化服务，作为互联网保险公司，大数据和互联网信息技术成为其风险控制的保障。

5. 了解中国平安、泰康在线、众安在线等保险公司的数据管理成熟度等级和数据管理发展方向。

第一节

大数据在保险业的应用情况和发展趋势

作为保险科技的重要组成部分，大数据技术是人工智能、云计算、区块链等保险科技前沿技术的数据来源和底层支撑，亦是推动保险行业发展的重要基础设施。数据挖掘等大数据技术可以将生活中海量、复杂、多源的非结构化数据转化为机器可识别的结构化数据，从而为保险科技领域的其他技术提供能够被研究分析的数据信息。当前，大数据在中国保险业的主要应用包括险种创新和精细化定价、基于客户画像的精准营销、健康长期的客户服务管理体系以及大数据智能风控等。

保险公司在运用大数据时注重其与保险科技的结合，这使各保险公司的精算假设更精确、产品研发效率更高、产品设计更加个性化、内部风险控制更合理等，有助于提升保险公司的专业度和经营效率。此外，由于大数据相关技术的发展，客户需求也能及时被保险公司发现，从而运用大数据研发并推出了众多被消费者广为接受的新型保险产品。在保险服务的创新上，很多保险公司纷纷通过海量数据驯化来打造人工智能客服，以此来减轻保险公司运营压力并提升对客户需求的响应速度。大数据及其相关技术的发展还为不可保风险转变为可保风险找到了现实路径。例如在网络购物平台拥有足够丰富的交易记录且物流信息化以后，退货运费险的开发和实现变为可能。

将来，大数据会在保险行业得到更深入的应用，基于互联网的服务创新将被提升到公司和行业的战略高度，更进一步提升保险公司各项技术的应用能力，从而促使单一的售后服务向一体化服务转变。

第二节

大数据在保险业业务创新方面的应用

大数据技术革新了人们对数据的使用认知，使人们直接使用全量数据进行精准化分析成为可能，而不再局限于以抽样数据推测整体规律。通过对全量数据而非抽样数据的分析，大数据技术在保险公司的流程优化、产品设计、精算定价、客户服务和营销推广等诸多方面不仅提供了更加精准的数据分析结果，还提供了全新的视角和思路，如借助大数据丰富多维的数据特征，建立更全面清晰的客户画像。诸多保险公司已在交叉营销、客户服务等方面取得了良好效果。此外，通过对更多更丰富的场景内数据的分析和挖掘，保险公司得以开发更多、更丰富的保险产品，如建立在对气象数据分析结果基础上的气象保险、基于可穿戴设备记录的运动数据开发的面向健康管理的医疗保险，以及建立在海量网络浏览和购物行为数据分析基础上的退货运费险等产品。

一、中国平安“尖刀服务”

中国平安推出的“尖刀服务”以互联网和大数据为依托，以当代互联网前沿技术为支撑，以计算机软件或手机 APP 为平台展开，主要从客户体验方面实现了服务的创新。中国平安利用服务和技术创新，在保险行业的平安产险、平安人寿和平安养老，分别推出了“城市极速查勘”及“一键包办”“闪赔”和“诚信赔”，三大险种所推出的智能服务在业内均为首创，成为中国保险公司基于互联网的服务创新时代的开端。

（一）大数据应用场景

在产险方面，平安产险推出了“510 城市极速查勘”及“一键包办”，对线下理赔模式进行创新，利用移动互联将服务流程线上化。平安车险的客户可在全透明的代办流程中享受在极短时间内完成全程理赔包办的服务。该车险服务安排打破了传统的车险事故现场勘查调度体系，完全依靠互联网快速智能的特征满足客户需求，大大加快了平安产险的运营效率，提升了车险用户的服务体验。

在寿险方面，平安人寿则利用移动互联网前沿技术实现寿险保单的“闪赔”服务，实现了业务的创新。“闪赔”是指客户进行在线理赔申请，30 分钟内即可赔款到账。此过程应用了大数据、智能理赔和联网征信等互联网前沿技术，技术的创新和尝试使客户体验到服务的便捷。

平安养老险在风险控制方面也进行了创新，联网征信技术成为平安养老“诚信赔”的主要技术依托。“诚信赔”依托于平安人寿当前完善的风控体系，将互联网征信数据应用于人身险理赔服务中，并创造性地开发了自动化理赔模式，帮助客户实现理赔免实物材料和一日快速赔付，为诚信客户提供极速极简的理赔新体验。

（二）实现途径

技术方面，大数据和相关互联网技术的发展，不仅为保险产品研发提供支持，而且为整个服务体系的创新提供手段，包括产品研发方向、营销方式、理赔、客户服务，以及服务的手段、服务的渠道、服务的目的和服务的理念等。中国平安以大数据技术应用所得到的消费者生命特征、风险评估和信用状况等结论为开发依据，依托云计算技术对海量数据进行分析处理。还利用大数据技术使客户理赔越来越快捷准确，减少了人工服务的时滞性和误差，提高服务质量。

管理方面，中国平安以“成为国际领先的个人金融生活服务提供商”为目标，实行“集团混业、经营分业”控制架构，可以实现资源共享和有效配置，有效降低成本，提高效率，充分发挥平安集团的竞争优势和规模优势。中国平安十分重视科技创新，其科技研发投入一直居于行业领先，未来还会有更多投入，其科技成果涵盖人工智能、区块链、云技术等。此外，平安有着行业内顶尖的行销支持管理系统，通过其系统平安业务员可以实现对平安多个险种在线展开咨询和服务。这些优势为“尖刀服务”的实现和完善提供了管理基础。

（三）成熟度模型评估

根据 DCMM，中国平安的数据管理能力成熟度处于稳健级，即第 3 级。

DCMM 稳健级的特征有企业意识到数据的价值，在组织内部建立了数据管理的规章和制度；数据的管理以及应用能结合组织的业务战略、经营管理需求以及外部监管需求；建立了相关数据管理组织、管理流程，能推动组织内各部门按流程开展工作；组织在日常的决策，业务开展过程中能获取数据支持，明显提升工作效率；参与行业数据管理相关培训，具备数据管理人员等。

1. 中国平安意识到数据的价值，数据已被当作实现组织绩效目标的重要资产。为了提高运营效率，中国平安成立了子公司平安数据科技，是集团的“共享平台”。作为平安集团的集中运营中心，为集团三大业务支柱——保险、银行、投资的发展提供了坚实的基础。平安数据科技的业务涉及保险、年金、银行、证券、投资等金融领域，涵盖呼叫中心、数据处理、核保核赔、流程改造、HR 服务，银行后台管理、财务结算、信息技术支持等服务业务，充分体现了数据对中国平安发展的有效作用，帮助组织提高效率、控制成本、提高服务质量。

2. 中国平安的数据管理以及应用能结合组织的业务战略。在产险、寿险、养老险等业务中都应用了大数据。平安产险利用大数据和移动互联将服务流程线上化，车险客户可在全透明的代办流程中用极短的时间完成全程理赔。平安人寿则利用移动互联网前沿技术实现寿险保单的“闪赔”服务，此过程应用了大数据、智能理赔和联网征信等互联网前沿技术。平安养老“诚信赔”的主要技术依托是联网征信技术，该技术也离不开数据的有效应用。

中国平安数据管理能力的建设方向是向量化管理级发展。具体来讲，企业应定期开展数据管理和应用的培训工作，量化评估数据管理流程的效率，并且利用数据提升组织的效率。

二、泰康在线

泰康在线的前身是泰康人寿的互联网平台，是国内第一家由传统保险集团发起成立的互联网保险子公司，泰康在线公司运用新型科技积极探索互联网保险业务，自成立以来迅速发展，积极为客户提供普惠保险产品，创新自身产品，大力发展互联网保险业务。

（一）大数据应用场景

在产品开发方面，泰康在线将“保险＋”策略作为公司首要战略，将创新进行到底。运用大数据、人工智能等技术创新出第一款互联网健康车险——泰康车险。不仅将大数据等新型科技融入新产品当中，还将大健康这一概念首次融入车险当中。将大数据与健康监测技术结合，分析驾驶人健康情况、驾驶情况，提示驾驶人危险系数，并针对驾驶人的健康情况提供体检，对车辆进行测评。并将人工智能技术（指纹识别、人脸识别）运用其中，为客户驾驶情况提供检测，鼓励驾驶人健康安全出行。此外，泰康在线接连推出了“微互助”“外卖骑手意外险”等专门为容易出现意外的普通家庭、外卖小哥提供保险保障。扩大了自身业务的覆盖范围，掌握了更多的用户数据，通过大数据等技术进行新颖的、有针对性的保险产品的设计，实现业务的规模化增长。

在产品宣传及销售方面，一是通过提升客户体验，有针对性地进行宣传及销售；二是通过技术上的大数据分析及人工智能鉴别技术进行精准营销。在提升客户体验方面，泰康在线运用区块链技术中的私有区块链技术，建立了一个属于自己的超级分布式账本即积分管理平台，不仅可以将各个渠道之间相互连接，还可以和第三方如天猫等平台无缝衔接，客户在各个渠道、各个业务线上的积分都可以进行兑换，节省了客户的时间成本，控制风险。这是国内首次将区块链应用于企业，并投入实际运营当中。在精准营销方面，对客户的行为进行分析，通过泰康在线的平台，利用大数据技术存储客户数据，并进行追踪分析，从而为其推送针对性的产品。同时人工智能鉴别技术，可以有效防止系统被黑客入侵及其他系统问题，提升效率和准确率。泰康在线还基于人工智能技术研究发明国内首款智能机器人进行保险产品的智能营销，在线智能咨询等。并且在泰康在线最注重的健康险方面，建立了大数据评分平台，平台中心可根据等级不同为用户提供差异化的健康保险管理方案。

（二）实现途径

技术方面，泰康在线通过“保险+技术”的结合，将大数据、人工智能还有区块链技术融合到自身保险业务的开展当中，以提升客户体验，提升业务开展效率。开发属于自己的新产品、新技术、新特色，并且取得了显著的效果。其最大股东为泰康保险集团，泰康保险有着20多年的客户、数据等的积累，泰康在线在运用大数据技术方面有着得天独厚的优势。

管理方面，泰康在线自诞生以来，便背靠泰康保险集团，又是国内仅有的4家专业互联网保险公司之一，加上互联网独特的渠道以及自己独有的集团代理渠道，使得泰康在线迅速发展，保费业务规模成倍上升。在泰康在线开始独立运营之前，以泰康保险互联网平台的模式发展了15年左右，有着一定的互联网保险的运营经验，并且拥有互联网财险牌照，同时可以运用泰康保险集团的品牌优势。这些优势都使得泰康在线的产品和服务创新得以迅速发展。

（三）成熟度模型评估

根据DCMM，泰康在线的数据管理能力成熟度处于受管理级，即第2级。

DCMM模型的受管理级的特点是企业意识到数据的重要性，并制定部分数据管理规范，设置了相关岗位；意识到数据质量和数据孤岛是一个重要的管理问题，但目前没有解决问题的办法；组织进行了初步的数据集成工作，尝试整合各业务系统的数据，设计了相关数据模型和管理岗位；开始进行了一些重要数据的文档工作，对重要数据的安全、风险等方面设计相关管理措施。

1. 泰康在线意识到数据的重要性。依托于泰康保险的管理经验，以及20多年的客户、数据等的积累，泰康在线在运用大数据技术方面具有优势，将大数据、人工智能还有区块链技术融合到自身保险业务的开展中。

2. 泰康在线尝试整合各业务系统的数据，设计了相关数据模型。将产品开发和营销的数据整合起来，通过“微互助”“外卖骑手意外险”等业务扩大了自身业务的覆盖范围，掌握了更多的用户数据，还建立了积分管理平台，利用大数据技术存储客户数据，并进行追踪分析。

为达到数据管理能力的稳健级，泰康在线可以从以下几个方面进行提升：一是建立和完善数据管理的规章和制度，促进数据管理的规范化；二是数据管理要结合组织的业务战略、经营管理需求以及外部监管需求，组织在日常的决策、业务开展过程中能获取数据支持；三是培训数据管理人员，建立相关数据管理组织、管理流程，能推动组织内各部门按流程开展工作。

三、小结

数据是保险业务创新的核心。保险的基本原理源于大数法则，传统的保险定价是基于已有的大样本数据结论，各家保险公司获取的数据都是一致的，所以在此基础上开发出来的产品就很难有大的差异性。而数字化时代的保险产品设计应该是基于保险公司获取数据的能力，获取数据越广泛，数据模型的主题就能更多，成熟度更好，产品设计的能力就更强。未来保险产品的差异化体现在各个保险公司数据模型的独特性上，产品和服务的差异化竞争就将演化为数据量和数据能力的竞争，保险公司在应对未来挑战时，不仅需要技术储备，更需要数据储备。催生出保险科技的各项新技术发展都围绕着数据开展。大数据技术是对数据处理的能力和方式的质的提升，打开了科技创新的魔盒。随着大数据技术的突破，有更多的数据涌现，满足对模型的训练要求。物联网的设备则是增加了数据来源，丰富了数据的种类，将现实世界的物体信息以数据的方式纳入数字世界。以5G技术为代表的通信技术的发展，拓宽了数据传递的通道，激活了数据流动的方式，满足了各项技术在数据上传下载方面更快的速度需求。

当前保险业亟须加强创新。利用大数据、物联网和相关技术对原有产品进行价格、费率的优化设计是传统保险产品升级的重要体现，基于大数据技术和全局数据的产品设计模型可以帮助保险公司设计出较高收益、较低风险概率的产品。在险种创新方面，保险公司可以利用大数据技术对风险进行精细化预测，从而开发出基于不同业务场景的创新型险种，实现产品的个性化定制与创新。大数据在产品设计环节的应用主要以互联网场景化保险为代表，主要包括航延险、酒店退订险、退货运费险、宠物责任险等。在精细化定价方面，保险公司可以利用大数据技术分析全量数据以实现更准确的产品定价。不同于传统定价和设计方法对抽样样本的数据分析，大数据技术的应用使产品开发人员实现了对全量数据样本的数据分析，根据更完整的数据表现进行更全面的风险评估，从而开发出更符合市场需要的保险产品和保险费率。

第三节

大数据在保险业风险管理方面的创新应用

传统的风险控制主要体现在核保和核赔两个环节，保险公司判断客户是否存在保险欺诈，主要依靠一些固定标准、核保核赔人员积累的经验以及与公安、交通、医院等部门的合作情况。面对大量新型欺诈案件时，难免捉襟见肘、疲于应对。

大数据的发展极大地提高了保险公司的风控水平。保险公司可以利用大数据收集的被保险对象的综合信息，经处理后获得准确且个性的风险信息；承保后，大数据可以提高对潜在风险的精细管理，防止潜在风险演变为事实风险。大数据在核保核赔环节的应用主要包括利用险企内外部数据信息建立风险预测模型、建立反欺诈数据库以及建立车后生态圈等。一是建立风险预测模型，结合保险公司内外部数据信息，对客户进行早期异常值检验，如在健康险领域利用大数据技术对医疗险数据平台中的海量医疗数据进行数据分析与挖掘以实现疾病预测。二是行业间合作建立反欺诈数据库，整合保险公司的各个部门、第三方平台、网络和通信运营商等平台并构建基于大数据的反欺诈网络。三是保险机构利用大数据技术与汽车修理行业合作构建车后生态圈，以获取每辆汽车的维修、保养情况数据，避免客户从保险中不当得利，防止保险欺诈。

作为保险市场全新的业态模式，众安在线是由阿里、腾讯和平安等公司共同发起设立的全国首家专业互联网保险公司，一经成立就广受市场关注。其从成立之初就完全实现在线核保、承保、理赔等专业化服务。作为互联网保险公司，众安在线的风险控制与传统保险产品的风险控制存在很大的区别，大数据和互联网信息技术成为其风险控制的保障。

一、大数据应用场景

保险产品条款设计时，众安保险产品采用互联网思维方式，通过简化保险产品条款设计和明晰保险出险责任来达到风险控制。将开发的保险产品通过迅速的市场投入与用户数据的收集，采用大数据方法进行数据处理，对风险产品进行改良和升级，从而达到保险产品条款简洁化、出险主体明晰化的风险管理。

在核保环节，众安在线采用大数据方法进行欺诈风险的抵御。众安在线具有强大的保险数据资源，通过对大量数据的比对分析而制定出合理的保险价格，对可能存在风险的用户则要采用提高保费等措施来进行限定，使用数理模型来甄别不同程度风险的用户群体。与此同时，众安在线采用新兴技术挖掘各种数据并进行处理和分析，以此达到对核保过程中风险的整体把握，提升企业从核保端就严格控制风险管理的能力。

理赔环节中，众安在线采用线上全流程的操作方式，对线上投保用户的资料信息审查较为全面与细致，通过历史赔付数据的对比分析，来决定是否对被保险人进行承保，这在很大程度上减少了核赔事件的出现。

二、实现途径

技术方面，众安在线借助先进的互联网信息技术，实现了在线投保的全自动化程序，投保用户只需线上选择产品与线上移动支付，就可凭借公司强大的内部系统生成电子保单，完全实现了在线投保、核保、承包、理赔等服务。依托官网自营网站或平台，实现了数字化的线上产品介绍、产品营销、事故理赔、售后维护等一条龙服务，实现数字化运营，提高风险管理效率与水平。

管理方面，众安保险采用“三道防线”风险管理模式：第一道防线通过设立风控部、财务部、法律部、运营部等各部门，同时各部门分工明确，保证公司保险产品设计及开发符合监管要求；第二道防线通过设立产品管理委员会，负责审议公司产品开发和管理重大事项；第三道防线加强企业内审机制，同时充分考虑内部、外部经验数据，预测保险损失率，厘定合理的费率，再保部门安排再保策略，通过多种手段来对保险产品可能发生的风险进行控制。

三、数据管理能力成熟度评估

根据 DCMM，众安在线的数据管理能力成熟度处于受管理级，即第 2 级。

根据 DCMM 的划分，受管理级的特点有企业制定了部分数据管理规范，设置了相关岗位，进行了初步的数据集成工作，尝试整合各业务系统的数据，设计了相关数据模型和管理岗位，开始进行一些重要数据的文档工作，对重要数据的安全、风险等方面设计相关管理措施等。

1. 众安在线意识到数据的重要性。由于其是由阿里、腾讯和平安等公司共同发起设立的，有着数据管理的基因，利用大数据收集被保险对象的综合信息，经处理后获得准确且个性的风险信息；大数据也可以提高其对潜在风险的精细管理，防止潜在风险演变为事实风险。

2. 众安在线设计了相关数据模型，对数据进行集成和整合。例如在核保核赔环节，应用大数据技术，利用内外部数据信息建立风险预测模型、反欺诈数据库以及车后生态圈等。风险预测模型结合保险公司内外部数据信息，对客户进行早期异常值检验。反欺诈数据库整合保险公司的各个部门、第三方平台、网络和通信运营商等平台并构建基于大数据的反欺诈网络。还利用大数据技术与汽车修理行业合作构建车后生态圈，以获取每辆汽车的维修、保养情况数据。

为了数据管理能力成熟度达到稳健级，众安在线要建立数据管理的规章和制度，结合组织的业务战略、经营管理需求以及外部监管需求来对数据进行管理和应用，逐步提高数据对业务的支持能力，还要培养专业人员对数据进行管理。

四、小结

中国保险行业的风险管控发展历程划分为 3 个阶段，即传统风控阶段、数字风控阶段和智能风控阶段。3 个阶段分别对应以下特征：2012 年以前，保险行业主要依靠人工审核与经验判断潜在风险，称之为“传统风控阶段”。2012—2017 年，随着电子化、互联网等技术的普及，保险行业进入了“数字风控阶段”，保险公司通过设置简单规则与事后稽查进行风险管控。2018 年以来，随着保险科技与保险行业的深度融合，保险行业开始进入“智能风控阶段”。深度应用人工智能、大数据、区块链和物联网等技术，实现智能预警和多维核验。

大数据时代提升保险业风险控制水平可以从以下方面进行。首先是以数据库建设为基础，在内部数据资源整合的基础上，争取建立全行业共享的大数据平台。大数据分析的优势建立在保险公司能够收集到海量有价值数据的基础之上。这种数据资源的整理，首先是公司内部资源的整理，对于混业经营的大型金融集团来说，内部已有的数据资源整合十分困难，要让各家公司共享信息，更加艰难。这需要行业协会、监管部门的推动，需要各家公司站在更长远的角度展望保险业的发展。其次，保险公司要提升 IT 技术水平，储备大数据分析的技术力量。大数据分析对数据库技术的要求较高，公司网络系统和数据计算能力面临考验，进一步开发大数据资源也需要专门的统计分析人才和技术储备。最后，大数据分析过程中，要注意数据安全和客户信息的保密管理。保险公司在风险防控上使用大数据效果卓越，但同时也担负着维护数据安全的重任。

本章复习题

1. 大数据与保险科技的结合将带来保险业的哪些变化？
2. 中国平安的数据管理和应用是如何结合企业战略的？
3. 简述泰康在线的大数据应用场景和途径。
4. 保险行业的智能风控时代应当如何利用大数据服务于风险管理？

第七章　大数据在信托业的创新应用

【本章重要知识点】

1. 大数据和云计算在信托领域的基础较弱，近年来大数据应用逐渐得到探索。未来，大数据将在信托业的业务模式创新、风险管理、财富管理等领域继续发展。

2. 信托公司通过精准营销大数据平台，可以实现数据的积累、深层次挖掘用户相关数据价值、打通营销数据渠道、获得精准的营销数据，从而更有效地洞悉消费者。中信信托研发的APP具有“互联网+”产品的优势，线上操作改善了线下交易的局限性，使信息技术在保险金信托的产品领域中得以应用。

3. 信托公司数字化转型的要义在于数字化，而数字化的实现需依托于信托科技的发展。中航信托在明晰公司发展现状和发展目标的基础上，通过有效地运用云计算、人工智能、大数据、移动互联网等数字化技术，对公司的数字化转型工作进行高阶、顶层的战略规划与设计，并持续指导和跟踪战略的落地进度与效果。

4. 了解中信信托、中航信托等信托公司的数据管理成熟度等级和数据管理发展方向。

第一节

大数据在信托业的应用情况和发展趋势

在大数据和互联网的汹涌大潮中，各家信托公司 IT 投入持续加大，技术水平发展速度加快。互联网技术明显改造着信托公司的整体技术架构，其在信托公司的应用将越来越广泛。

由于信托公司业务种类多，创新速度快，数据结构较为复杂，数据标准化程度低，但数据量普遍不大，大数据和云计算在信托领域的基础较弱，近年来大数据应用也逐渐得到探索。例如信托公司搭建数据仓库，将各个应用系统的数据抽取出来进行统一存储、转化、整合，满足监管报送以及决策支持的需要。搭建私有云，通过引入外部大数据，叠加内部的融资、担保数据，建立用户画像模型，从而控制风险客户。信托业还利用大数据技术创新了业务模式如消费信托和小额贷款、服务实体经济、进行信托转型、优化管理运营等。

未来，大数据将在信托业的业务模式创新、风险管理、财富管理等领域继续发展。业务模式创新方面，大数据有利于传统业务的专业化，通过大数据手段可以提高对金融市场走势的判断水平，有利于弥补多数信托公司在证券投资能力上的不足，还可以利用大数据的商业价值，进行多种新产品和新业务模式的尝试。风险管理方面，通过大数据对交易对手的风险进行分析，可以帮助信托公司掌握更多更全面的风险信息，利用大数据建立项目的过程管理数据档案，提高风险管理的及时性和动态性，还可以通过非结构化手段，研发出先进的舆情预警工具。财富管理方面，利用大数据技术，信托公司可以更为精准地细分客户群，进而对产品进行合理定价，还能够为客户量身定制资产配置方案，并且使用大数据在风险偏好、行为习惯等方面对客户进行更为细致的描述，更有针对性地开发与维护客户。

第二节

大数据助力信托营销渠道优化

“中信信托·传家宝” APP 采用的是移动终端这种营销渠道，是一种自助销售。自助销售是由客户在线上自助浏览产品条款，学习了解保险金信托产品，结合自身的财务、身体、家庭关系等情况，对产品进行判断进而去选择适合自己的产品，并在线上进行付款购买产品及服务。该APP是保险金信托网络营销渠道的一种方式，具有“互联网+”产品的优势。线上操作改善了线下交易的局限性，使信息技术在保险金信托的产品领域中得以应用。

一、大数据应用场景

在数据采集方面，当客户使用APP时，实名制的制度就会使公司得到潜在客户的一部分个人信息，包括姓名、性别、年龄等，随着潜在客户对APP的深入使用，更多维度的信息会被记录下来，后台会对客户进行客户画像，也会保留客户的相关信息。根据大数法则，数据信息的数量越庞大，得到的数据就越接近客观现实，根据所有的客户信息进行分析整理得到后台所需要的数据信息，不再需要过多的信息录入和整理的过程，比线下门店销售的营销渠道采集信息更加高效方便，而且节约成本。

在数据储存方面，该APP对于大数据的储存采用的是电子化的方式，电子化的储存方式可以减少外部环境对数据的破坏，更大限度地对数据进行保护。此外，电子存储方式成本更低，更加环保，作为一种电子化储存数据的工具，删除无效数据后，留下来的存储空间还可以被再次使用，更加节省了成本。

在数据分析方面，当利用移动终端后台对客户进行画像时，通过大数据分析的方法对信息进行系统化分析，在客户的信息录入后即可自动对客户进行画像，由于对客户画像时，大数据分析方式代替了人工的方式，在时间上，计算机后台的计算速度比人工计算速度更快，在准确度上，基于大数据技术的计算某种程度上来说比人工计算要准确。

二、实现途径

技术方面，在营销渠道的多个环节都利用了大数据，包括大数据的采集、储存、分析并得出结论，但是大数据的利用并不是一次性的，某位客户的数据被纳入大数据库后就会成为大数据的组成部分，会继续为公司接下来的分析提供帮助，所以大数据采集后就会被储存，储存的安全性和易查找性需要得到保障。通过对客户数据的分析，还能够根据客户的特性提供差异化增值服务。

管理方面，“中信信托·传家宝”APP的定位是为实现高净值客户的传承财富、高端消费、获取知识、查询业务的需要建设高端的金融服务平台。中信信托公司主动探寻信托公司的发展趋势，依赖于一直增长的知识整合能力、创新能力、资产管理能力以及风险管理能力，为目标企业和目标客户提供创新的金融整合解决方案。

三、数据管理能力成熟度评估

根据 DCMM，中信信托的数据管理能力成熟度处于受管理级，即第 2 级。

DCMM 中，企业数据管理能力的受管理级具有以下特点：企业意识到数据是重要资产，制定了部分数据管理规范，设置了相关岗位，进行了初步的数据集成工作，尝试整合各业务系统的数据，设计了相关数据模型和管理岗位，开始进行一些重要数据的文档工作，对重要数据的安全、风险等方面设计相关管理措施。

1. 中信信托意识到数据是重要资产。其对于数据存储十分重视，对于数据的储存采用的是电子化的方式，该储存方式可以减少外部环境对数据的破坏，更大限度地对数据进行保护。此外，电子存储方式成本更低，更加环保，作为一种电子化储存数据的工具，删除无效数据后，留下来的存储空间还可以被再次使用，更加节省了成本。

2. 中信信托对数据进行集成，并设计了相关数据模型。例如将营销的多个环节的数据集成起来，对数据进行采集、储存、分析并得出结论，客户的数据被纳入大数据库后就会成为大数据的组成部分，采用用户画像技术对数据进行分析，根据客户的特性提供差异化增值服务。

中信信托数据管理能力的发展目标是稳健级，企业还需要培养以下能力：第一是建立和完善数据管理的规章和制度，促进数据管理的规范化。第二是数据管理要结合组织的业务战略、经营管理需求以及外部监管需求，组织在日常的决策、业务开展过程中能获取数据支持。第三是培训数据管理人员，建立相关数据管理组织、管理流程，能推动组织内各部门按流程开展工作。

四、小结

信托公司通过精准营销大数据平台，可以实现数据的积累、深层次挖掘用户相关数据价值、打通营销数据渠道、获得精准的营销数据，从而更有效地洞悉消费者。

第三节

大数据助力信托企业数字化升级

面对新形势下内外部的机遇和挑战，中航信托实现公司战略转型，要借助金融科技的力量推动公司的创新与重塑。数字化转型将进一步提升受托人尽职能力，优化公司治理，增强公司竞争力，进一步推动公司稳健发展。具体来说，中航信托在明晰公司发展现状和发展目标的基础上，通过有效地运用云计算、人工智能、大数据、移动互联网等数字化技术，对公司2—3年的数字化转型工作进行高阶、顶层的战略规划与设计，并持续指导和跟踪战略的落地进度与效果，培养数字经济时代信托公司的核心竞争力，在为客户赋能的同时利用数字化转型实现公司的下一个跨越式发展。

一、大数据应用场景

借助于移动互联、云计算、人工智能等技术应用，在信托科技有效发挥作用的前提下，中航信托数字化转型聚集资产、服务、管理等维度，提升数字能力建设水平，培养数字经济时代的核心竞争力。

在信托资产的数字化方面，中航信托开展了基于场景的资产定价重构。公司得益于信息系统能力的构建与提升，通过技术运用真实把握底层消费金融资产，有针对性地开展风控和贷后管理。在此基础上，中航信托已经开始进一步尝试利用区块链技术开展消费金融，目的就在于能够更加精准地切入场景，为消费金融多方主体的真实需求提供定制化的金融供给服务。此外，在供应链金融方面，中航信托与深圳特米医疗深度合作，以供应链管理类软件研发技术为起点，为大健康行业工业公司、商业公司及医疗机构提供应收账款融资服务、代采服务、第三方代储代配公司融资及线上小微散药房融资服务，双方通过股权合作及业务创新，为金融服务深入融入医疗医药流通领域提供了场景入口。

在信托服务的数字化方面，中航信托开展基于账户的客户服务重塑。具体而言，在家庭金融领域，中航信托围绕高净值客户家庭成员的全生命周期，对客户数据进行分析，根据不同需求的客户，建立不同类型的综合账户体系，综合考虑客户的核心诉求，提供综合多元的金融解决方案及增值服务，开展家庭信托和家族信托的标准化和定制化服务。这能够提高客户黏性和信任度，将数据转化为需求，将账户转化为平台，将产品转化为服务。在产业金融领域，围绕企业的创业、展业、守业全发展周期，通过运用多元大数据技术和金融工具帮助企业共同成长。中航信托大力发展绿色信托，与中国天楹股份有限公司深度合作，支持民营企业发展。中航信托主动协同，为中国天楹提供并购基金支持和央企背书，帮助其顺利完成收购，为企业谋求更广阔的市场发展机遇提供了及时有效的金融和资本支持。除此之外，中航信托也在央行和银保监会指导、信托业协会支持下，积极参与建立绿色信托的行业标准，力图通过绿色信托标准的建立，促成绿色资产数字化及绿色资产的交易与流转，推动绿色资产证券化，为绿色产业和绿色信托的数字化转型助力。

在组织体系的数字化方面，中航信托开展基于受托人的管理提升。具体包括3个层面的融通，即线上与线下融通、业务与管理融通、内部与外部融通。线上与线下融通在于传统线下管理内容的线上化，例如在财富端，将客户的线上需求与信托线下服务渠道联动融通，基于账户信息和客户的线上行为数据，开展数字化营销，精准捕捉客户画像，匹配相对应的线下金融服务，提升客户体验。业务与管理融通在于打通公司前、中、后台的管理边界，形成平台化、联动式的管理模式，聚合公司内部各个部门联动融通，共同推进公司数字化转型，全面提升信托公司的数字化能力。内部与外部融通在于数据的融通，打破公司部门内部、部门之间、公司内外的数据孤岛和数据壁垒，促进数据的流动与融通，使数据在流动中产生价值，形成资产，推动基于数据的产品创新和服务创新。通过数据的融通与共享，形成资产数据化和数据资产化的良性互动。

二、实现途径

技术方面，以大数据、云计算、区块链、人工智能等为代表的新一代信息技术，能有效地为信托业向数字化、信息化、智能化转换赋能，是行业回归本源的有力支撑。金融科技的运用，为中航信托的数字化转型提供了条件，公司才能深入涉足消费金融、中小微企业等金融市场。

管理方面，中航信托强调公司要自上而下形成对数字化转型工作统一的认识，并主动从不同的专业职能视角思考如何利用数字化技术赋能本职工作，积极参与和配合转型项目的开展。中航信托以战略为驱动，以创新为引擎，在绿色信托、慈善信托、大数据、产业升级、消费升级等领域进行了大量的实践探索，形成了诸多特色业务领域。

三、数据管理能力成熟度评估

根据DCMM，中航信托的金融数据管理能力成熟度处于稳健级，即第3级。

DCMM稳健级的特征有企业意识到数据的价值，在组织内部建立了数据管理的规章和制度；数据的管理以及应用能结合组织的业务战略、经营管理需求以及外部监管需求；建立了相关数据管理组织、管理流程，能推动组织内各部门按流程开展工作；组织在日常的决策、业务开展过程中能获取数据支持，明显提升工作效率；参与行业数据管理相关培训，具备数据管理人员等。

1. 中航信托将数据当作重要资产。中航信托强调公司要自上而下形成对数字化转型工作统一的认识，并主动从不同的专业职能视角思考如何利用数字化技术赋能本职工作，在明晰公司发展现状和发展目标的基础上，通过有效地运用云计算、人工智能、大数据、移动互联网等数字化技术，对公司2—3年的数字化转型工作进行高阶、顶层的战略规划与设计。

2. 中航信托对数据的管理和应用能结合业务战略。在家庭金融领域，中航信托围绕高净值客户家庭成员的全生命周期，对客户数据进行分析，根据客户的不同需求，提供综合多元的金融解决方案及增值服务，开展家庭信托和家族信托的标准化和定制化服务，提高客户黏性和信任度，将数据转化为需求，将账户转化为平台，将产品转化为服务。在产业金融领域，围绕企业的创业、展业、守业全发展周期，通过运用多元大数据技术和金融工具帮助企业共同成长。

3. 中航信托建立了相关数据管理流程，推动组织内各部门按流程开展工作。中航信托推动线上与线下融通、业务与管理融通、内部与外部融通。将客户的线上需求与信托线下服务渠道联动融通，基于账户信息和客户的线上行为数据，开展数字化营销，精准捕捉客户画像，匹配相对应的线下金融服务。打通公司前、中、后台的管理边界，形成平台化、联动式的管理模式，聚合公司内部各个部门联动融通，共同推进公司数字化转型，全面提升信托公司的数字化能力。数据的融通打破了公司部门内部、部门之间、公司内外的数据孤岛和数据壁垒，促进数据的流动与融通，使数据在流动中产生价值，形成资产，推动基于数据的产品创新和服务创新。

中航信托的数据管理能力将向第4级即量化管理级发展。在发展过程中，应注重以下几方面能力的建设：不仅要将数据作为组织的战略资产，建立可量化的数据管理流程效率的指标体系，还要借鉴行业优秀管理方案和国家标准，并参与相关标准的制定工作。

四、小结

信托公司数字化转型的要义在于数字化，而数字化的实现需依托于信托科技的发展。信托科技可以定义为通过技术进步赋能信托产品、服务、管理创新，能够进一步发挥受托人本源业务优势，提升受托人尽职能力，优化信托公司治理，增强信托公司竞争力的技术应用与方法。信托科技的着力点在于运用科技手段进一步为受托人尽职管理赋能，助力信托本源业务开展，结合信托公司作为金融持牌机构的展业特点，促进信托公司规范公司治理、合法合规经营，提升信托行业的整体竞争力，更有效地服务实体经济和国民财富管理。大数据、云计算、人工智能和相关信托科技的运用是信托业数字化升级的必要条件。

本章复习题

1. 中国信托行业的大数据基础较弱，你认为应如何提升该行业的大数据应用能力？

2. 中信信托如何应用数据采集优化营销渠道？

3. 中航信托建立了怎样的数据管理流程？如何推动各部门按流程开展工作？

4. 简述信托科技的重要性。

第八章 大数据金融征信管理与风险管理创新应用

【本章重要知识点】

1. 中国金融征信还没有形成完善的业务模式，行业规模较小，市场基础也比较薄弱，大数据为中国金融征信业带来新的机遇。在金融风险管理方面，大数据智能风险管理可以直接推动企业战略转型，有效降低金融机构的管理和运行成本。

2. 当征信手段有需求时，技术能够支持其实现；而新的技术又能反过来推动征信手段的进一步创新发展。前海征信挖掘大量的线上与线下数据，在金融领域有着丰富的风险管理经验，并应用先进的大数据技术推动业务不断创新，面向金融行业提供全方位的信用评估服务。

3. 大数据分析及挖掘技术能够帮助金融机构有效管控信用风险、市场风险、流动性风险、操作风险等各类风险，保障金融安全。中信银行加大对金融科技的资源投入，提升了投入产出比，使资产质量稳中向好，风险抵御能力增强。此外，中信银行还强化了贷前、贷中、贷后联动风险管控体系。

4. 了解前海征信、中信银行等公司的数据管理成熟度等级和数据管理发展方向。

第一节

大数据金融征信与风险管理发展现状与趋势

中国金融征信的发展从时间上较美国等发达国家相对滞后，还没有形成完善的业务模式，行业规模较小，市场基础也比较薄弱，缺乏完善的法律监管体系，但经过中国人民银行近十几年对征信体系的建设运行，中国征信行业已经取得了一定的成效。虽然中国的征信体系覆盖面仍然有限，但是移动互联网发展迅速，移动终端累积了海量的用户行为数据，大数据在金融征信方面潜力巨大，大数据、云计算等技术的发展也在推动传统征信业务模式的升级和产品的创新，为中国市场化征信业带来了新的机遇。

伴随着互联网业务的高速发展，金融信贷市场发展前景被普遍看好，越来越多的理财诉求亟待满足。与此同时，在鱼龙混杂的金融市场中，行业经营风险渐趋复杂。对此，政府通过外部监管强化金融风险管理机制，金融信贷平台则通过自律发展加强金融风险内控。鉴于市场的优化发展，风险管理成为企业生存与发展的核心能力之一，其中，大数据智能风控为最大的突破口，大数据风险管理可直接推动企业战略转型，有效降低金融机构的管理和运行成本，其呈现数据多维度、关注行为数据、模型不断迭代和动态调整的特征。

第二节

大数据在金融征信中的创新应用

深圳前海征信中心股份有限公司（以下简称“前海征信”）是中国平安保险公司旗下子公司，集合了平安多年保险业务积累的数据资源，并挖掘大量的线上与线下数据，且绝大部分为高质量的金融类数据，在金融领域有着丰富的风险管理经验，并应用先进的大数据技术推动业务不断地创新。

一、大数据应用场景

数据获取方面，前海征信依托平安集团全方位、专业化的金融业务积累，汇集了保险、证券、信托、银行、投资理财等多个方面的传统金融业务数据，并且将众多合作的金融机构数据也纳入其中。除了金融数据外，前海征信还与电信、交通、公安、银联等公共机构取得合作，利用相关领域的数据共建诚信平台。此外，前海征信还对公开的互联网数据进行采集和挖掘，例如，借助平安旗下的移动应用程序获取地理位置、社交通信等网络行为数据，利用大数据技术来丰富征信服务。数据维度呈现传统数据、互联网数据和新型数据，新型数据是指经过结构化处理的数据。前海征信目前主要应用金融相关的结构化数据进行分析，这些数据大多为真实的交易数据，质量比较高，而对于网络数据的依赖度较低。

商业模式方面，前海征信面向金融行业提供全方位的信用评估服务，并联合其他行业建立失信黑名单，为建设良好的社会环境不断尝试。其面向个人和企业用户提供不同的解决方案，包含信用评估、反欺诈、风险预警、身份识别等多样化的产品和服务。目前，前海征信主要面向企业和相关机构开展征信业务，如为小型金融机构在信贷过程中提供风险评估支持，并根据特定行业的客户需求定制不同的产品。此外，前海征信还联合公安、电信、金融、民生等不同行业建立失信黑名单，利用大数据技术获取跨行业的失信行为信息，提升公众对信用的重视程度，为建设良好的社会信用环境作出了一定的贡献。

二、实现途径

技术方面，在传统金融征信手段的基础上，前海征信利用最新的大数据技术，根据不同的应用场景和客户需求建立了数十个评分模型，积极探索多样化和创新性的数据采集、存储、处理与分析方法，应用最新的大数据算法和机器学习的方式对网络行为数据进行挖掘与分析，促进征信服务能力的提升。前海征信还在云计算领域深入研发，设计了不同应用的专有云平台，为大数据的应用提供高效的支撑。此外，前海征信还组建了专业大数据团队，学习国外最先进的数据分析技术，提升核心竞争力。

管理方面，虽然隶属于平安集团，前海征信仍将自己定位为专业化、独立的第三方征信机构，面向广大个人和机构提供信用信息服务。依托平安集团的全金融产品线，前海征信对金融行为风险管理更加了解，丰富的管理经验和建模能力有助于提升信用评分体系的可靠度。目前，前海征信的首要任务是将专长深化发展，打造自身的核心竞争力。

三、成熟度模型评估

根据 DCMM，前海征信的数据管理能力成熟度处于稳健级，即第 3 级。

根据 DCMM 的划分，数据管理能力成熟度稳健级的特点是数据已被当作实现企业组织绩效目标的重要资产，在企业层面已经制定了成系列的标准化数据管理流程，以促进数据管理工作的规范化、提高数据管理和数据使用的效益。

1. 前海征信意识到数据是重要资产，并且设置了相关岗位。前海征信重视传统和新型的数据收集，不仅在云计算领域深入研发，设计不同应用的专有云平台，为大数据的应用提供高效的支撑，还组建了专业的大数据团队，学习国外最先进的数据分析技术，提升核心竞争力。

2. 前海征信对数据进行集成，并设计了相关数据模型。前海征信具有多个方向的传统金融业务数据，并且将众多合作的金融机构数据也纳入其中，还与公共机构取得合作，利用相关领域的数据共建诚信平台，同时对公开的互联网数据进行采集和挖掘。此外，前海征信还利用最新的大数据技术，根据不同的应用场景和客户需求建立了数十个评分模型。

随着数据管理能力的发展，前海征信的数据管理能力成熟度发展的下一阶段是 DCMM 的量化管理稳健级。前海征信可以从以下方面建设相关能力，积极为员工提供数据管理能力提升的机会，在组织层面上建立了可量化的评估指标体系，可准确测量数据管理流程的效率并及时开展优化工作，积极参与到国家、行业等相关标准的制定工作中，充分借鉴了行业中的最佳案例以及国家标准、行业标准等外部资源，不断促进本身的数据管理、应用能力的提升。

四、小结

大数据征信的使命之一是要尽可能多地积累行为数据，掌握主体特征，才能算是有效的信息。而数据挖掘、信息加工等理论属于计算机和数学等学科的交叉应用，又使得在技术创新和支持上必须跟上甚至超越国外的脚步，这样才能源源不断地推动大数据征信技术的进步。当征信手段有需求时，技术能够支持其实现；而新的技术又能反过来推动征信手段的进一步创新发展。关于商业模式上，长尾理论更使得大数据征信区别于传统征信，这就让传统征信覆盖不到的市场有了大数据征信用武之地。

未来大数据征信可以在普惠金融方面得到发展，覆盖更多的需要金融服务的人群。此外，不仅是金融领域，大数据征信可以结合其他应用场景进行组合信用评估。

第三节

大数据在金融风险管理中的创新应用

为控制信用卡风险，中信银行加大对金融科技的资源投入，提升了投入产出比，总体上说，资产质量稳中向好，风险抵御能力增强。此外，中信银行强化了贷前、贷中、贷后联动风险管控体系。贷前准入方面，严格审查客户资信水平，运用征信数据等信息审慎筛选优质客户，通过模型及策略的不断调优，严控共债客户通过率；贷中风险管控方面，完善授信规则，实行差异化授信，并根据客户用卡及还款情况进行动态授信调整，对疑似共债等高风险客户及信用卡套现等不合规用卡行为，实施长期专项监测与打击；贷后不良资产催收方面，持续优化催收策略，不断探索与公检法、征信机构、大数据公司等外部机构的业务合作，运用大数据等创新技术手段提升对高风险客户的清收能力。

一、大数据应用场景

商业银行信用卡风险中最重要、最容易引发危险的风险是信用风险、操作风险和欺诈风险。信用风险管控方面，针对此类风险，贷前的审核阶段最为重要，对申请人进行资质审核的准确性是防范此类风险的关键。中信银行通常使用信用评估工具来进行识别。利用国家 2016 年正式投入使用的个人信用数据库了解个人的基本借贷和还款情况；利用信用评分等模型将信用风险进行量化，以大量的历史数据，推导出模型公式，以此来进行风险测评；利用风险的管理政策来规定利息，准入标准等；进行风险的评价，及时发现风险危机，视危险程度采取相应的措施，小则降低贷款额度、停止支付甚至提前催收，大则进行实地核查并管控。

欺诈风险管控方面，中信银行的管控分为内部管控和外部管控。内部管控是中信银行内部拥有全流程风险管理系统、风除监控系统、反洗钱预警系统等一整套的管控系统，依托大数据技术，对于持卡人的交易数据进行严密监控，一旦检测到有与持卡人日常用卡有异的情况发生时，工作人员便会联系持卡人确认交易是否正常，若不正常，则将停止交易，并对此卡进行停止支付的管控。外部管控是指银行通过卡组织或银保监会不定期披露的银行信息泄露清单以及公安机关破案通报涉及银行的信息，基于持卡人的数据信息来确定存在欺诈交易隐患的持卡人，银行紧急向持卡人发出换卡通知，并对涉及风险的卡片做出停止交易的处理。

操作风险管控方面，该风险是可以防患于未然的，对操作风险设置一套规范制度，并且基于使用相关技术，对银行的操作系统与流程进行监控。大数据所集成的数据挖掘、机器学习等前沿技术，具有智能判断分析等优势，可以实现对全流程的实时动态监控。此外，利用大数据通过对大量数据的快速收集挖掘、及时研判分析，可以实现精确预测，从而为精确预警、科学决策提供基础，提高了信用卡操作风险的预警水平。

二、实现途径

技术方面，中信银行关注大数据在风险管理中的应用，基于大数据技术改进风险决策机制，从流程管理上规避风险，还基于大数据建立一系列的风险管理模型。在银行内部建立信息共享机制，引入与第三方机构的数据共享机制，在海量信息中挖掘有用信息。此外，还应用大数据进行风险预警，识别潜在的风险，为各级授信业务和风险管理人员提供及时、专业的风险等级报告。

管理方面，中信银行将业务流程和信贷政策进行优化，完善风险决策机制。将多个部门联合起来进行大数据应用，联合后的各部门共享大数据分析结果。在进行项目决策时，各个部门都能同时给予意见，而无须流程化、低效率地等待，有利于提高商业公司的决策效率，降低决策成本。

三、数据管理能力成熟度评估

根据 DCMM，中信银行的数据管理能力成熟度处于受管理级，即第 2 级。

DCMM 对受管理级进行了如下描述：组织已意识到数据是资产，根据管理策略的要求制定了管理的流程，指定了相关人员进行初步管理，具体特征如下：意识到数据的重要性，并制定部分数据管理规范，设置了相关岗位；意识到数据质量和数据孤岛是一个重要的管理问题，但目前没有解决问题的办法；组织进行了初步的数据集成工作，尝试整合各业务系统的数据，设计了相关数据模型和管理岗位；开始进行了一些重要数据的文档工作，对重要数据的安全、风险等方面设计相关管理措施。

1. 中信银行意识到数据的重要性。为控制信用卡风险，中信银行加大对金融科技的资源投入，数据成为识别和降低信用风险、操作风险和欺诈风险的关键。

2. 中信银行对数据进行集成，并设计了相关数据模型。中信银行在银行内部建立信息共享机制，并且引入与第三方机构的数据共享机制，在海量信息中挖掘有用信息，将多个部门联合起来进行大数据应用，联合后的各部门共享大数据分析结果。此外，中信银行利用信用评分等模型将信用风险进行量化，以大量的历史数据，推导出模型公式。

接下来中信银行的数据管理能力建设的目标是 DCMM 的稳健级。为了达到稳健级，中信银行要建立数据管理的规章和制度，结合组织的业务战略、经营管理需求以及外部监管需求来对数据进行管理和应用，逐步提高数据对业务的支持能力，还要培养专业人员对数据进行管理，在组织层面制定系列的标准化管理流程，促进数据管理的规范化。

四、小结

大数据分析及挖掘技术能够帮助金融机构有效管控信用风险、市场风险、流动性风险、操作风险等各类风险，保障金融安全。通过量化分析，对各类风险进行识别和监控，建立完善的风险防范体系。对于信用风险、操作风险、市场风险、流动性风险等各种风险的管控，数据是基础和核心，大数据技术的应用是关键。

本章复习题

1. 简述大数据应用在金融征信和风险管理中的必要性。

2. 前海征信利用大数据进行了怎样的商业模式创新？

3. 中信银行在欺诈风险和操作风险管控中应用了哪些大数据技术？

4. 根据 DCMM，前海征信和中信银行在达到下一数据管理等级之前还需要在哪些能力上做出更多的努力？

第九章　互联网金融大数据应用

【本章重要知识点】

1. 互联网金融是指传统金融机构与互联网企业利用互联网技术和信息通信技术二者之间的有机融合，实现资金融通并提供支付、投资和信息中介服务的新型金融业务模式，其主要的大数据运用方向有信用风险评估和精准营销等。

2. 芝麻信用凭借自身所拥有的独特数据价值和广泛的实名用户，通过不断提升自身的大数据处理技术和大数据挖掘能力，将自身的芝麻信用分等产品和服务广泛应用于各类生活场景之中。

3. 作为国内首批获得央行颁发牌照的第三方支付企业、国内领先的金融科技企业，拉卡拉旗下拥有支付服务、金融科技等多个业务板块。通过推出的金融科技和社区电商等业务，其在金融服务和电商服务两个领域的布局已初步成型，初步建立了一个综合性金融科技服务平台。

4. 中国第一家互联网信用评估公司 Wecash 闪银，开发了先进的大数据信用评估系统，把信用评估系统做到极致，通过自主研发的 3R 模型，闪银已经帮助 80 多家合作银行完成了 4 000 万用户的交易。

第一节

大数据在互联网金融中的应用及发展趋势

互联网金融是指传统金融机构与互联网企业利用互联网技术和信息通信技术二者之间的有机融合，实现资金融通并提供支付、投资和信息中介服务的新型金融业务模式，主要涉及网络借贷、移动支付、网上理财和众筹等具体业务类型。互联网金融不是互联网和金融业的简单结合，而是建立在网络技术基础上并被用户所熟悉、接受后而自然产生的新模式及新业务，是传统金融行业与互联网技术相结合的新兴领域。

随着互联网金融和相关先进技术的不断发展，其对传统金融业的影响越来越大。在互联网金融的发展过程中，大数据技术发挥了关键作用。互联网金融会产生大量结构化或非结构化的用户和交易数据，通过大数据分析处理技术，这些存储在云端的金融业务数据的价值将被真正展现。当前，依托大数据、云计算和人工智能等大数据相关技术，互联网金融行业在互联网金融风控和互联网金融营销等方面取得了很大成效。

互联网金融风控是为了应对互联网金融业务当中不断涌现出的各类风险，如信用违约和欺诈风险、互联网技术风险、资金流动风险、法律和政策风险及监管风险。互联网金融风控包括业务发生之前的风控模型构建和征信评估服务、业务发生过程中的实时监测和反欺诈服务以及业务发生后的监控预警服务等。互联网金融风控与传统金融风控的一个重要区别就在于其对大数据与大数据技术的应用更加广泛，互联网爬虫技术、NLP 自然语言处理技术和机器学习技术都在其中发挥着独特的作用。

此外，互联网金融企业在拥有了大量用户数据的基础上，也可以利用现有的数据开展用户画像研究，通过对某一客户的每笔交易行为进行定性和定量分析，识别出该客户的潜在金融业务需求，从而开展更加高效的精准化营销。同时，还可以采用相关的聚类、分类算法，将客户根据不同标准划分成某些类别，研究某类用户所具备的共同点和一般特征，开展针对用户的专项分析，指导以后的工作。互联网金融精准营销将会提高顾客的使用体验，也更能够带来既定成本下的高效益。

第二节

互联网金融的大数据征信服务

伴随着金融科技的逐渐兴起以及互联网金融和消费金融快速发展，这些新金融机构需要征信服务，央行征信中心或因覆盖人群不足无法给他们提供直接服务，或提供服务不全面。此外，互联网经济发展迅速，越来越多“先用后买”的消费场景出现，迫切需要信用评分、信用决策工具等征信相关的服务，因而，征信业务在整个金融领域的重要程度越来越明显。随着我国人们信用意识的提高，征信也渐渐融入到人们的生活当中，其应用也越来越广泛。然而国内的征信行业尚处于初级阶段，征信体系建设需要继续探索，从企业征信来讲，目前国内约有 128 家企业征信机构备案，个人征信机构除了央行征信中心外，2018 年初成立的百行征信是国内第一家拿到个人征信牌照的机构。

在大数据和互联网经济时代，消费者拥有丰富的非信贷信用数据或其他信用相关数据。虽然国内只有 1/3 的消费者有传统的信贷数据，但将央行征信系统、三大电信运营商、微信、支付宝和京东等的消费者数据进行比较，就会发现三大电信运营商和微信的活跃用户远远超过央行征信系统覆盖的信贷人群，这些替代数据反映了消费者很好的活跃性，可以辅助进行信用分析。芝麻信用、腾讯信用等一批起源于互联网金融的信用科技公司，通过云计算、机器学习等大数据技术不断挖掘不同应用场景，服务于个人、企业和征信机构。而这其中，最为熟知的是芝麻信用。

一、大数据信用科技企业——芝麻信用

芝麻信用，是阿里集团的蚂蚁金服旗下独立的信用科技企业，通过云计算、机器学习等科技客观呈现个人的和企业的商业信用状况，当前已经在信用卡审批及使用、个人消费金融、融资租赁、酒店出行和公共事业服务等上百个场景为用户、商户提供信用服务。

2015 年 1 月 5 日，中国人民银行公开发布《关于做好个人征信业务准备工作的通知》，允许 8 家机构开展个人征信业务准备工作。这被视为是中国个人征信体系有望向商业机构开闸的信号，社会信用体系建设的市场化改革也由此起步，芝麻信用位列其中。

2015 年被业界称为中国个人征信元年，也是芝麻信用首创之年。此前的个人信用管理，似乎并不为社会和大众所了解。当时的各大银行给小微企业发放贷款时，往往也只能

采取线下的尽职调查，这样的方法不仅成本高而且无法明确客户的还款概率。而征信本身就是希望以一个成本更低廉的方式开展信用风险识别工作，从而帮助银行或企业更好地开展普惠金融工作。随着 2018 年 1 月央行批复了首张个人征信拍照给百行征信，8 家个人征信业务试点机构均不能开展个人征信业务，芝麻信用转身为一家大数据信用科技公司，通过获取充分的数据源、培养自身强大的数据建模能力，从而利用算法在海量数据中找到核心变量、解释内在规律、进一步洞察人性，识别信用风险，提供数据服务。

二、芝麻信用中的大数据应用场景和实现途径

芝麻信用依据阿里生态中的电商数据、互联网金融数据，以及用户自主提供的相关数据等不同数据来源收集的海量大数据而设计的信用体系，通过对大数据的专业化分析处理，即运用云计算及机器学习等技术，通过逻辑回归、决策树、随机森林等模型算法，对各维度数据进行综合处理和评估，形成最终的信用评级结果。芝麻信用分是芝麻信用对这些信息数据进行处理和评估后得到的结果，用以显示用户的个人信用水平高低。

（一）海量大数据

芝麻信用不仅基于阿里巴巴的电商交易数据和蚂蚁金服的互联网金融数据，还与公安网等公共机构及部分商业企业合作伙伴建立数据合作关系，从而取得尽可能覆盖全面的个人信用历史数据。与传统征信所采集的数据不同，芝麻信用数据涵盖了个人信用卡还款、网购、转账、理财、水电煤缴费、租房信息、住址搬迁历史和社交关系等诸多方面。

从官方的说明来看，芝麻信用所采用的数据来源主要包括用户信用历史、行为偏好、履约能力、身份特质和人脉关系 5 个维度，如图 9－1 所示。上述 5 个维度主要是指：

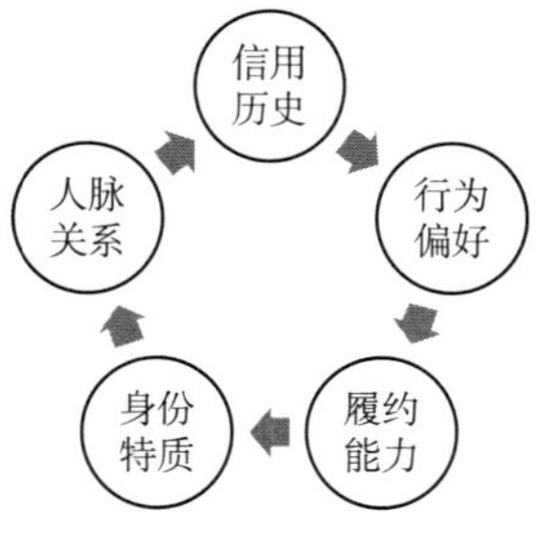

图 9－1　芝麻信用主要数据来源

信用历史：过往信用账户还款记录及信用账户历史。

行为偏好：在购物、缴费、转账、理财等活动中的偏好及稳定性。

履约能力：稳定的经济来源和个人资产。

身份特质：在使用相关服务过程中留下的足够丰富和可靠的个人基本信息。

人脉关系：好友的身份特征以及与好友互动程度。

概括来看，芝麻信用进行个人信用评估所利用的数据，首先是阿里体系内部的数据，这包括用户在支付宝软件内的花呗、借呗借款还款记录，以及用户的网络购物和转账信息等；其次，芝麻信用还接入了公安部身份认证信息、学信网学籍学历信息和各商业合作伙伴提供的有关反馈信息；最后，芝麻信用还会考虑用户主动提交的数据，如个人资产证明、工作证明材料。

芝麻信用分分值范围为350—950。持续的数据跟踪已经表明，芝麻分越高代表个人的信用水平越好，在金融借贷、生活服务等场景中都表现出了越低的违约概率，较高的芝麻分可以帮助个人获得更高效、更优质的服务。

（二）大数据征信模型体系

芝麻信用最大的核心价值之一就是其拥有的大数据征信模型体系。芝麻信用的产品有两大类，第一类是反欺诈产品，包含了人脸识别、身份核实、信息验证、网络关联等产品。第二类是信用评估产品，除了芝麻信用分，还有芝麻报告以及由用户在各类生活和金融场景下的违约信息组成的风险名单库。

芝麻信用依托于阿里生态的数据优势并结合大数据技术才能更好地产生效用。芝麻信用拥有广泛的数据来源，一方面，阿里巴巴名下的支付宝、淘宝、天猫等各个电商平台用户众多，众多的用户带来了庞大的信息源，其个人身份信息、支付情况、购买情况都是作为信用评级的重要依据；另一方面，与阿里巴巴合作的许多机构提供了很多数据，例如，一些公共机构为芝麻信用提供了政府部门的公开信息。还有2017年初，中国建设银行在与支付宝合作以后，也为芝麻信用提供了金融信贷、个人投资等相关的行业信息。除此之外，一些私人的运营商、P2P平台也会与芝麻信用进行信息互换合作。这些渠道为芝麻信用提供了庞大的数据源，芝麻信用再运用大数据技术将其整合成数据信息资源库，为后续的信用评分评级提供了支持与保障。

芝麻信用把不同数据源收集而来的信息上传到云端数据库以后，会通过和官方数据源、自主研发模型等进行交叉比对，来确定数据、信息的真实度和可靠性，再决定在模型分析中是否采用这些数据。

为了保证其在大数据征信领域的技术领先地位，除了研究传统的逻辑回归算法，芝麻信用在大数据算法上不断尝试和应用创新，很早就开始研究决策树、随机森林、支持向量机、神经网络等前沿机器学习算法，并把这些算法应用于不同场景，取得了很大成效。

在大数据的场景之下，芝麻信用还进一步研究了很多弱关联数据。当把很多弱关联的特征联合在一起时，这些特征融合后就变成了一个非常强的预测变量，可以用来判断一个人未来可能会守约还是违约。

在保护用户隐私数据方面，芝麻信用从对用户数据的调用、运算，到第三方机构对客户个人信用分等数据的使用，都是在用户授权的前提下进行的。芝麻信用评分的全过程中，工作人员不接触用户信息，一切均由系统直接运营，以确保用户隐私全程保密，同时系统还会通过运算规则自动将敏感数据进行脱敏处理。

芝麻信用一直强调自身的独立性，即独立的法人实体，拥有独立的系统和数据等，未来数据征信体系建设，不仅仅为简单地输出信用分或征信报告，而且要搭建一个开放数据共创的云计算平台，基于云平台来构建数据的决策引擎体系。

三、芝麻信用实施效果

伴随着支付宝的广泛使用，芝麻信用凭借自身所拥有的独特数据价值和广泛的实名用户，通过不断提升自身的大数据处理技术和大数据挖掘能力，芝麻信用分的应用场景早已不再仅仅局限于蚂蚁金服或支付宝公司内部，而是覆盖了金融借贷领域、日常生活领域等诸多业务场景。

芝麻信用旨在让信用等于财富，成为一个可衡量、可变现的资产。芝麻信用通过两种方法来实现对现有征信体系的补充和促进：一是普惠金融的内在需求，是挖掘、触及更多的人群，希望通过所有数据，包括传统数据和互联网数据来挖掘和刻画一个人的信用状况，帮助金融机构更好地了解一个人，同时也服务于这些人群，让他们获得更多的信用服务。二是海量、丰富的互联网数据资源的“再生利用”。在大数据时代，数据即资产，是核心竞争力。芝麻信用正在把上述两者结合起来，并定位于普惠金融人群来盘活数据。

2015 年 1 月，芝麻信用与神州租车合作，全球首创为用户提供免押租车新方式；2015 年 6 月，芝麻信用和阿里旅行合作，芝麻信用分 700 分及以上用户有机会便捷签证新加坡；同月，芝麻信用与北京银行签署战略合作协议，成为芝麻信用首家合作银行，开启商业银行应用互联网征信先河；2015 年 7 月，芝麻信用连接最高人民法院，实时更新“老赖”名单，开创了第三方征信机构首次通过最高法官方授权，联合开展信用惩戒的先河；2017 年 11 月，芝麻信用宣布推动“信用免押时代”，向商业信用转型，宣布将投入 10 亿元，帮助商家用比收押金更好的方式做生意。近期，芝麻信用还先后开通了信用借还、信用租赁、免押出行和免押住宿等一系列信用生活服务，给人们的日常生活带来极大便利。

除开展个人芝麻信用分服务之外，芝麻信用注重企业信用服务，提供的企业信用产品包括企业信用评分、企业信用报告、企业风险云图和企业风险监控等。芝麻企业信用从创立伊始就致力于以开放和创新的方式与征信业生态的伙伴们展开合作与共创，基于海量的数据来源，依托在云计算、机器学习方面的前沿技术，在信用数据洞察、信用价值链接、信用风险模型构建等多方面的经验，客观地呈现中小微企业信用状况，帮助守信企业降低交易成本、更加便捷地获得金融服务，推进普惠金融。

随着我国信用关系社会化，将会进一步释放出新的消费能力，成为未来经济增长的重要驱动之一。同时，芝麻信用所体现出的互联网与信用相结合，也会成为普惠金融的助推力，促进互联网金融业良好发展。

四、数据管理能力成熟度评估

根据 DCMM，芝麻信用的数据管理能力处于量化管理级，即是 DCMM 的第四级。根据 DCMM 量化管理级的基本特征，其在芝麻信用中的具体体现如下：

芝麻信用意识到了数据的重要价值，是企业获取竞争优势的重要资源之一，数据管理工作的效率已经可以进行量化分析和监控，实现了数据产品输出，可以定量评估数据资产价值。

芝麻信用的数据管理及应用结合了组织自身的业务战略、经营管理需求等，且在日常业务开展过程中不断获取数据支持，提升工作效率。

芝麻信用分的产生就是数据价值的最佳体现，其通过将个人和企业主体的有关信用数据进行分析整理，实现了数据资产价值化。芝麻信用拥有专业化的数据管理人才和团队组织，能够最大限度挖掘数据内在价值，团队成员拥有企业内培训和行业培训的良好机会，处在相关技术发展的前端。

芝麻信用分伴随着支付宝、淘宝等相关业务而产生，芝麻信用采用的大数据信息有很大一部分来源于其相关业务记录，这些信息数据是随时随地产生并为其所用的，具有不断更新的能力。芝麻信用也是其经营发展的必然需求，阿里集团旨在“让天下没有难做的生意”，如何解决信用难题、达成买卖双方的交易行为催生了芝麻信用的出现。芝麻信用已然将数据视为实现目标的重要资产，且不断促进自身对数据管理的规范化。

当前，芝麻信用的数据管理能力向第五级量化管理级发展，需要进一步设计数据管理的流程和有关的可用于测度数据管理能力和数据管理效益的指标，从而更好的把控和调节数据管理活动。此外，芝麻信用也可以加大自身的经验分享范围和频率，更加主动的参与到数据管理交流会议中去，同时尝试开展相关标准的编制工作。

第三节

第三方支付服务

一、拉卡拉简介

拉卡拉成立于2005年，是中国领先的综合性金融科技集团。作为国内首批获得央行颁发牌照的第三方支付企业、国内领先的金融科技企业，拉卡拉旗下拥有支付服务、金融科技、产业基金等业务板块。拉卡拉是国内知名的第三方支付公司，专注于整合信息科技，服务线下实体，从支付角度切入，全维度为中小微商户的经营赋能，向客户提供支付科技、金融科技、电商科技以及信息科技服务。

与众多互联网的商业模式有着明显不同的是，拉卡拉是一家从线下C端支付服务起步的平台企业。在支付行业逐渐形成市场需求的情况下，孙陶然先生于2005年创办了拉卡拉，而拉卡拉的发展路径也是一条不同以往的创新之路。

以支付为起点，拉卡拉将服务内容定位在线下便利支付。2007年拉卡拉率先在北京、上海地区展开拉卡拉便利支付点建设，上海地区近2 000家快客便利店成为拉卡拉便利支付首批客户。2011年，拉卡拉推出了针对小微商户及大中型连锁商超的系列POS产品和服务，随后，推出针对个人用户的手机刷卡器，以及多功能的手机银行。在移动支付的大幕逐渐开启之时，2013年拉卡拉适时推出手机收款宝、手机钱包和开店宝三款创新性产品，全方位布局移动POS收单、移动客户端支付和线下平台化电商多重领域，这些布局实际上都是围绕满足普通百姓的日常生活刚需。

第三方支付公司在提供支付服务时会获得非常多的用户资源，以这些客户为基础，提供金融服务再向电商延伸就能够很好地将客户附着在品牌上。由此，拉卡拉开始布局打造提供包括支付、生活、电商、信贷在内的综合性金融科技服务平台，逐步完成了线下到线上的闭环。由最初的单纯支付业务拓展到现在的支付、征信、小贷、保理等金融科技领域业务，拉卡拉还进一步在电商领域有所突破。作为一家O2O电商公司，拉卡拉电商公司开创了“社区店+电商和金服平台+身边小店APP”三位一体模式，很好地解决了线下零售店对接电子商务的难题。金融科技和社区电商等业务的推出，使得拉卡拉在金融服务和电商服务两个领域的布局已初步成型，初步建立了一个综合性金融科技服务平台。

二、拉卡拉中的大数据应用场景和实现途径

拉卡拉提供的业务涉及支付、金融、电商等诸多方面。其中，支付业务包括便民支付、收单业务、移动支付和跨境支付；金融业务包括网络借贷和互联网征信；电商业务包括拉卡拉小店、社区商城和“身边的小店”手机 APP。这些业务当中或多或少都有着金融科技和大数据技术的身影，下面选择有代表性的几点进行介绍。

（一）考拉征信

在信用征信方面，拉卡拉已经拿到了中国人民银行颁发的征信牌照，而借助大数据，拉卡拉也有自己的优势。对于一个多年使用拉卡拉的用户来说，拉卡拉其实已经掌握了用户的信用消费记录、信用卡逾期还款情况、借记卡流水等基本金融账户信息，这些数据都完整系统地保存在拉卡拉的数据系统中，基于这些数据，根据信用评估的模型，来确定个人征信就显得准确且富有效率。而事实上，征信业务的目的最终还是围绕为拉卡拉的个人用户和商户提供信贷业务。

互联网征信是以开放式的互联网为载体，利用大数据、云计算等新兴高科技，通过抓取、采集和整理个人以及企业在使用互联网时所留下的数据信息，同时辅以其他渠道获取的数据信息而进行信用评估与服务的活动。拉卡拉正是最早涉足互联网征信业务的公司之一，拥有央行颁发的企业征信和个人征信牌照，成为中国民间征信业务的先行者。

考拉征信是由拉卡拉发起，联合国内多家知名上市公司组建的独立第三方信用评估及信用管理机构，是国内仅有的几家同时获得央行许可开展企业征信和筹备开展个人征信业务的征信机构之一，专注于职场行为研究、征信级大数据库资源支持的职业雇佣风险解决方案一站式服务平台。考拉征信也是国内首个成立专注于大数据征信模型研究的专业实验室的征信机构，其推出的“考拉信用”是面向政务、商务、社会、法务、个人全方位的信用服务体系，运用大数据及云计算技术客观呈现机构和个人的信用状况，通过连接各种服务，让每个机构和个人都能体验信用所带来的价值。

此后，考拉征信先后推出了考拉信用分和商户信用分，并召集了百家上市企业发起成立了诚信中国行动联盟，在全球首次推出了企业诚信分和个人诚信分，这些都使得考拉征信业务在业界保持了遥遥领先。在拉卡拉的产业链条中，逐渐形成了数据收集、数据反馈和数据整合的完整体系。通过线下的便利店、商户以及移动支付汇集的海量数据不断整合传输到数据库中，成为拉卡拉征信业务快速发展的有力支撑。同时，征信业务提升了拉卡拉的风控体系，对拉卡拉的基础金融业务稳健发展发挥了重要的保障作用。

（二）拉卡拉电商系统

“拉卡拉小店”即为拉卡拉在线下布局的实体店，例如，在学校或者社区周边任何一个线下实体店铺都可以加盟拉卡拉，接入拉卡拉的系统，成为拉卡拉小店。拉卡拉向小店提供拉卡拉的品牌、手机移动端 APP 和“开店宝”平台，实际上是提供了拉卡拉的金融平台和电商平台。小店只要加盟拉卡拉，就可以使用拉卡拉的标识，并在小店里安装一台拉卡拉机器，使用“开店宝”系统提供的整个线上资源。这些线上资源包括金融资源和电商资源两个部分：一方面，小店可以基于金融平台上提供的信用卡还款、彩票、转账等日常金融服务，获得稳定的客户流量；另一方面，可以在电商平台上解决进货问题，扩大销售的品类。

通过电商平台，店主既可以在线下单给小店里原来卖的商品进货，就是卖“现货”，也可以增加品类卖店里原来不卖的东西，就是“期货”。比如，因为没钱进货，小店原来不卖小米手机或者乐视电视盒子，但小店有客流量，只要有客户有订货需要，进行预订，店主就可以进货，摆不摆样品不重要。因为用户刷的是自己的卡，没有占用小店的流动资金，小店只要和用户约定取货时间就可以。通过这一套解决方案，线下实体小店就可以和电商一样高效率、低成本、信息对称。同时，小店就在社区周边，服务半径很近，服务对象很固定。线下店铺通过拉卡拉在电子商务端的劣势尽可能淡化的同时优势就可以发挥出来了。所以，通过拉卡拉线下到线上的解决方案，线下店铺在电子商务时代也可以活下去，并且活得更好。

拉卡拉的社区商城是一套电子商务系统，向上对应供应商。传统的小店原来进货需要经过省代、市代、一批、二批、三批、批发市场等层层代理才能拿到货物，但是拉卡拉社区商场可以向小店直接批发。拉卡拉的社区商场就起到这样一个作用，让传统线下实体店的采购可以缩短供应链。拉卡拉的目的是和每个地区的一级批发商合作，直接供货到小店，形成这样一个社区商城的系统。

“身边的小店”是一个手机 APP 应用，实际就是服务周边的一个基站。拉卡拉的电商是三位一体的，即一个电商平台 + 社区周边的线下实体小店 + 手机 APP。在这样的系统内，用户可以手机下单，在社区的小店提货，或者由小店把货送到家里。最终实现一个围绕着社区、社区周边人群和小店的、基于位置的 O2O。小店是基于位置的，服务其周边的人群，小店会把熟客加到 APP 上，APP 上的用户都是一个社区内的人群，因此，通过“位置”打通线上与线下。以后的场景可能是在下班路上打开手机 APP，下单买生鲜或者牛奶，到了小店的时候就可以提货了，或者到家以后由小店送货上门。拉卡拉的战略方向就是预测需求，然后将这些需求推向小店，推向市场，如果一个需求有市场，那就可以继续走下去，如果需求有变化，则顺应新的需求推出新的产品。

综上所述，拉卡拉电商系统整合了公司现有的互联网支付和大数据分析处理技术，将产品和服务输出到随处可见的店铺当中，形成了独特的商业模式，也取得了长足的发展前景。

三、拉卡拉实施效果

在金融科技大潮之下的商业模式创新，O2O 似乎成了兵家必争之地。不仅传统企业在布局 O2O，第三方支付企业也都开始酝酿 O2O，实现线下与线上的闭环。与其他机构开展 O2O 不同的是，线下社区电商平台拉卡拉专注于社区电商 O2O 模式，立足社区的实体小店，推出“开店宝”产品，为线下小店提供完整的电商平台，实现线下与线上的融合。可以看出，线下实体店在往线上走，线上电子商务在布局线下，线上与线下优势互补，最终一定会融合为 O2O 的商业模式。

传统电商的优势在于线上，早期搭建的网上电商平台到今天已经培养了庞大的客户群体，线上资源的占有率较高。但是，这一点既是其优势同时也是其劣势，因为线上资源的可替代性非常强，客户对于不同网站并没有强烈地附着性，随时可能成为竞争对手的客户。而拉卡拉的模式则另有不同，由于长期浸淫于线下的实体店铺，拉卡拉的优势在于线下，而线下客户的培养成本显然更高。

拉卡拉小店的优势在于服务人群的固定性，它所辐射的半径可能不像大型超市那么大，但是社区居民的固定性是其稳定的客户资源，也因为其靠近社区，对于这些客户来说具有天然的便利性，因而，拉卡拉从小店切入推行线上到线下的融合在战略上是具有优势的。而小店的痛点在于融资、结算和提供商品服务的品类单一，不同于大商户，往往拥有强大的融资能力，因而，受到金融服务机构的欢迎，小商户本身属于小规模经营，没有大笔资金的源头活水往往成长很慢，加上信息不对称，可能受到电子商务的影响而越发边缘化。也恰恰因此，解决好这些“痛点”是拉卡拉在 O2O 模式中的增长点，以线下收单为主的拉卡拉的经营对象正是这样的社区小店，而从为小店提供支付结算的 POS 终端入手，拉卡拉其实已经培养起了自己的线下实体店，不单单以佣金为盈利模式，而是可以根据市场需求灵活调整经营模式。在整合线上的电商资源完成后，线上与线下的融合也就水到渠成了。

拉卡拉在主营的支付科技业务上保持了一贯的良好势头。2019 年 4 月 25 日，拉卡拉正式在深交所上市，成为 A 股支付第一股。2019 年财报显示，拉卡拉营业收入 48.99 亿元，其中支付业务 43.46 亿元，占全部营收比的 88.7%。商户规模上，拉卡拉已服务超 2 200万商户。其中，年支付交易规模在 50 万元以下的商户数量占比达到了 95%，商户收单交易达到了“小额、高频、活跃”的良好状态。支付科技业务实现全年收单交易金额 3.25 万亿元，其中扫码支付交易金额 6 400 亿元，同比增长 49.76%，累计交易笔数 83.84 亿笔，同比增长 46.8%。

上市之后不久，拉卡拉就宣布进入战略4.0阶段，其战略方向为整合信息科技、服务线下实体，从支付切入，不断扩展布局，涵盖SaaS、保险、基金等多个领域，并成功推出了拉卡拉云小店、汇管店等多款云战略产品，逐步构建了完整的商户经营解决方案服务体系，全维度为中小微商户的经营赋能。

四、数据管理能力成熟度评估

根据DCMM，拉卡拉的金融数据管理能力成熟度处于稳健级，即是DCMM的第3级。根据DCMM稳健级的基本特征，其在拉卡拉的相关业务中的具体体现如下：

1. 拉卡拉意识到了数据的价值。拉卡拉较早布局信用征信领域，主导设立考拉征信。考拉征信利用拉卡拉数据库中的有关信息，利用大数据模型准确计算衡量信用水平，从而为其自身的信贷服务业务提供数据支持。

2. 拉卡拉建立了相关的数据管理流程。在拉卡拉的产业链条中，形成了数据收集、数据反馈和数据整合的完整体系。通过线下的便利店、商户以及移动支付汇集的海量数据不断整合传输到数据库中，成为拉卡拉征信业务快速发展的有力支撑。同时，征信业务提升风控体系的整体水平，又对拉卡拉的基础金融业务稳健发展发挥重要保障作用。

当前，拉卡拉的数据管理能力成熟度向第4级量化管理级发展，需要在企业管理层的层面进一步认识到数据是企业的战略资产，了解数据在其内部流程优化和绩效提升等方面的重要作用。应当开始在企业层面上建立可量化的评估指标体系，以准确测量数据管理流程的效率并及时开展业务流程优化工作。

第四节

基于B2B2C模式的金融科技服务

一、Wecash闪银简介

Wecash闪银作为中国第一家互联网信用评估公司，成功开发了先进的大数据信用评估系统，把信用评估系统做到极致。闪银公司成立于2013年10月，作为一家依托大数据分析的金融科技公司，闪银使用数据分析技术和机器学习算法，服务于信用决策。闪银可以在3分钟内完成信用决策，撮合投资方，降低资金供需双方的信息不对称和交易成本。闪银基于B2B2C模式，一边连接用户一边服务金融机构，通过大数据和人工智能技术帮助银行和非银行金融机构实现智能营销，降低其获客成本，提高决策效率。如图9-2所示。

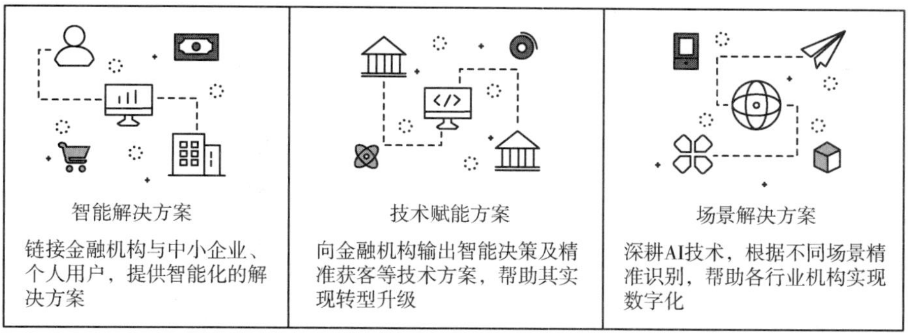

图9-2 Wecash闪银基于大数据的金融技术服务

二、Wecash闪银中的大数据应用场景和实现途径

（一）建立多维度信用评估系统

闪银的定位是"2+5"人群，即本科毕业前的2年加上毕业后的5年，年龄在20到27岁之间。这个人群的收入还没增长起来，获得银行体系信用评估的概率低，但又热爱网络，容易留下信息，消费需求旺盛。

闪银的核心业务其实就是基于海量互联网信息，借助大数据技术和机器学习技术进行分析，突破传统金融企业桎梏，完成授信。Wecash闪银能大体判断出一个用户的职业范围以及其社会影响力等因素，再结合用户授权的互联网信息等交叉验证，从而在信用模型中对该用户进行打分和评估，综合评定用户信用等级，完成授信过程。

Wecash闪银主要通过客户授权信息、网络关键信息抓取以及与第三方机构合作来获取用户数据。在海量的用户数据基础上，Wecash闪银通过用户的资质信息、消费信息、社交关系信息等来进行多维度的信用评估，同时丰富、多层次的数据来源使得评估决策更加精准，大大降低信用风险。Wecash闪银建立的大数据信用评估系统，迄今为止已为成千上万的金融服务群体进行了精准而又快速的信用评估，建立了一个以信用评估为核心的金融服务体系，发挥了信用所具有的变现、消费价值。

（二）打造"闪电"式评估模式

在技术上，闪银的大数据征信算法由工程师经过多次测试调整而得。如今，闪银能做的是，当用户在 APP 或微信端点击申请信用评估，输入名字、手机号、职业等个人信息，再授权微博、人人网等社交账号，提交资料后，系统便会将这些信息与海量抓取到的用户互联网记录进行综合分析，给出一个可用资金额度。然而，整个过程只需 3 分钟。

闪银通过大数据技术自主研发了 3R——“Rules（规则）、Rank（排序）、Regression（回归）”模型。通过该模型，传统金融机构最快 2 秒即可获取用户资信，综合效率提升了 6 000 倍。在此过程中，基于该评估结果，闪银即可智能匹配个人用户和机构快速高效地完成交易。

闪银在建立多维度信用评估系统的同时，也在打造“闪电”式的评估模式。Wecash 闪银有着 15 个基于机器学习的分析模型，平均每人的数据分析点达到了 6 000 个，最后聚合成为 1 个信用评价。这种强大的信用评估模式支撑着 Wecash 闪银实现“几分钟信用评估”的闪电速度，达到业界之最。闪电式的评估模式，带给金融服务群体极致的信用消费体验，使得金融服务群体能够在各类场景下随时授信、随时使用信用产品。

闪银通过打造 3R 模型，抓取每个人的数据，在用户授权之下，通过 Regression（回归）对用户数据进行建模分析；通过近万条 Rules（规则），对用户进行筛选；参考谷歌的 Page Rank，通过 Rank（排序），分析普通用户的社交关系网络上的权重，进行 People Rank，以此实现了对用户信用的识别、评价以及风险定价。这个模型的核心关键点就是，如果一个人与信用好的人的关联度越大、越紧密，这个人信用较好的可能性更大。如果一个人与很多已经识别出来的贷款中介、骗子、老赖关系越近，这个人骗贷的可能性越大。

目前，闪银通过自主研发的 3R 模型，已经帮助 80 多家合作银行完成了 4 000 万用户的交易，在此过程中，平均降低了 70% 以上的欺诈风险，以及 40% 以上的坏账率。极大的效率提升，不仅让中小银行的金融服务能够快速下沉至广阔的长尾用户市场，对于普通用户来说，通过大数据，曾经高高在上的金融，也变成了平民化服务。

三、Wecash 闪银实施效果

截至 2018 年 1 月，Wecash 闪银已经基于 Wecash 数据库中 1.3 亿用户的信用记录编制了上亿份信用报告。此外，公司为全球 50 多家金融机构提供解决方案，业务已经拓展至印度尼西亚、新加坡、巴西、美国等国家。

2018 年闪银入选人民创投、人民网舆情数据中心联合发布的《中国大数据独角兽企业 TOP20 榜》。2019 年 5 月 28 日，由《银行家》杂志社与中国社科院金融研究所、中央财经大学共同主办的“2019 中国金融创新论坛暨 2019 中国金融创新奖颁奖礼”在京举行。会上主办方与中央电视台、人民网、新华网等权威媒体共同揭晓了中国金融创新奖系列名单，闪银凭借技术创新破解金融供给难题、助力银行向零售业务转型，与腾讯、京东数科一道荣膺十佳金融科技创新奖。

Wecash 闪银打破了传统的仅服务金融行业的服务模式，朝着多元化服务方式发展，使生活的各个方面都能体验到个人信用的价值，包括租房、医美等生活服务领域，推动信用社会的建立。

四、数据管理能力成熟度评估

根据 DCMM，Wecash 闪银的数据管理能力成熟度处于稳健级，即是 DCMM 的第 3 级。根据 DCMM 稳健级的基本特征，其在闪银中的具体体现如下：

1. Wecash 闪银的数据管理和应用结合了组织的业务战略、经营管理需求和外部监管需求。闪银始终希望个人信用能够发挥更大价值，打造“信用社会”。从自身经营管理需求角度看，闪银需要利用大数据和大数据技术分析主体的信用水平，从而为客户提供服务。从外部监管需求的角度来看，互联网金融需要信用机制的规范和约束，因而闪银的数据管理和数据应用工作也随之应运而生。

2. Wecash 闪银具备数据管理人员，建立了相关数据管理组织和流程，在推动组织按照流程开展工作中发挥了巨大作用。闪银技术团队自主研发了 3R 模型，能够快速进行数据分析处理并取得信用评估结果。在此基础上，闪银团队才能开展进一步的技术输出和合作工作，为有关金融机构提供征信服务，更好地开展个人和商户的匹配服务工作，实现自身价值。

当前，闪银的数据管理能力正在向第 4 级量化管理级发展，企业组织内部要定期开展数据管理、应用相关的培训工作，积极为员工提供提高数据管理能力的机会；企业也要充分借鉴行业中的最佳案例以及国家和行业标准等外部资源，来不断促进本身的数据管理、应用能力的提升。

第五节

本章小结

金融业发展催生了金融大数据，大数据技术与互联网信息科技的结合又使得传统金融业不断创新和进步，形成了多种模式的互联网金融。

互联网金融业良好有序发展的一个前提就是做好个人及商户等互联网金融参与主体的

信用评估，从而防范信用风险和由此导致的经济损失。通过利用各种来源的用户有关信息，结合大数据分析和机器学习技术，银行等金融机构可以有效识别用户信用等级，防范潜在风险。同时，部分金融科技企业借助自身在大数据等相关领域的技术优势，通过提供技术输出和模型构建等服务，走出了一条独特的发展路径。传统金融机构一边利用大数据技术走向在线化服务，一边提升自身的用户征信评估能力，互联网金融发展也越来越安全高效。

互联网金融依托大数据进行用户偏好分析。互联网金融企业在进行创新发展时也需要对大数据的价值进行充分利用和挖掘。在大数据时代，互联网金融产品开发可以通过对海量用户数据进行分析，从而明确金融产品开发的创新方向，依据用户互联网金融使用行为和消费偏好等特点进行金融产品的研发，使其推出的金融产品更有针对性。

互联网金融借助新技术加大对数据的保护。尽管信息防护与加密技术已经较为成熟，但是在互联网金融发展的进程中，信息泄露成为阻碍互联网金融发展的一大隐患。以阿里巴巴支付宝这一互联网金融 APP 为例，这一产品之所以能够成为互联网金融领域内的行业龙头，与其对数据的严密保护有很大关系。大数据时代下，国内互联网金融创新对数据的依赖和使用程度会越来越高，而互联网金融的整体发展不仅要对海量数据进行存储和管理，更要运用新技术，对核心数据与关键数据进行保护，避免严重的数据泄露事件给互联网金融发展与产业创新造成负面影响。

互联网金融是将传统金融与互联网高度融合的金融服务模式，其兴起得益于互联网及信息技术的不断完善，互联网金融俨然成为炙手可热的金融服务形式。互联网金融要紧跟时代发展潮流，其进行的发展创新也要与大数据时代的发展趋势保持一致。在未来发展中，互联网金融创新不可避免地会面临风险，相关企业应当在正视各种风险的同时采取科学的方法和手段应对、防范、化解风险。

本章复习题

1. 说说什么是互联网金融并举出几个典型的例子，指出其与传统金融行业之间的联系与区别。

2. 简单归纳大数据及大数据技术在互联网金融领域的主要运用方向及其发展趋势，探讨大数据技术对互联网金融产生和发展的意义在哪里。

3. 对芝麻信用分的主要评估数据来源做简单分类并说明其各自对评估整体信用水平的价值和意义。

4. 简要介绍拉卡拉的大数据应用场景有哪些，以及其分别使用的是哪些相关技术。

5. 简要介绍 Wecash 闪银的大数据应用场景有哪些，以及其分别使用的是哪些相关技术。

第十章　供应链金融大数据应用

【本章重要知识点】

1. 供应链金融指将供应链上的核心企业看作一个整体，以核心企业为依托，以真实贸易为前提，运用自偿性贸易融资的方式，通过各种方式对供应链上下游企业提供综合性金融产品和服务的一种融资模式。

2. 随着大数据、云计算、物联网和区块链技术的发展，传统的供应链金融的风控能力进一步得到提升，业务的综合成本也在降低，逐步取得了更大的发展。

3. 京东供应链金融属于电商主导的供应链金融，已然成为京东的重要盈利来源之一，其主要的服务产品包括“京保贝”“京东白条”“京小贷”以及“云仓京融”。

4. 国美金控供应链金融业务于2015年8月正式上线，依托国美强大的生态圈，内部外部同时发力，根据自身优势，共开发出了账云贷、信云贷、货云贷、票云贷4款主要产品。

5. 海尔集团通过设立全资子公司渗透至供应链金融服务领域，海融易对资金流、信息流、物流进行有效控制，在2019年第一季度供应链金融业务成交量排名第一，已经成为行业标杆。

第一节
大数据在供应链金融中的应用及发展趋势

供应链金融是指将供应链上的核心企业看作一个整体，以核心企业为依托，以真实贸易为前提，运用自偿性贸易融资的方式，通过应收账款质押、货权质押等手段封闭资金流或者控制物权，对供应链上下游企业提供综合性金融产品和服务，是金融机构将核心企业和上下游企业联系在一起，从而灵活地为其提供金融产品和服务的一种融资模式。形象地讲，就是把资金作为供应链各个环节中的“润滑剂”“融合剂”，增加供应链中各要素的流动性。供应链金融一方面能够有效拓宽资金需求方的融资渠道，另一方面能够有效提升资金供给方的经营效益，有效促进社会经济的发展。

传统供应链金融以商业银行或核心企业为主导，通过对供应链整体的信息收集和风险评判，为上下游企业提供金融服务。供应链金融业务模式的发展演化，本就与大数据及大数据技术紧密结合在一起。当前供应链金融可按照经营主体的不同，大致划分为商业银行主导的供应链金融模式、电商主导的供应链金融模式和合作模式的供应链金融模式。无论是由哪一方进行主导，其都必须具有海量数据作为分析基础。最初的合作模式下，银行主要提供资金融通，企业则负责提供有关的供应链交易数据。伴随着大数据技术的不断发展，电商企业掌握了有关技术后开始尝试开展以自身为主导的供应链金融模式，无须从银行处取得资金。同时，部分商业银行也开始建立自己的网上商城，并利用资金优势开展供应链金融服务。

随着大数据、云计算、物联网和区块链技术的发展，供应链金融的风控能力进一步得到提升，业务的综合成本也在降低。具体来看，大数据时代下的企业信用评估系统和授信系统是以互联网信息技术和供应链运营大数据为载体运行的。商业银行或有关核心企业通过深入挖掘大数据技术，如利用机器学习技术开展用户行为分析、网上自动授权和审批业务等，这将会不断提升平台自身的供应链企业信用评估模型精度和效率，从而进一步降低业务整体风险、提高供应链业务管理水平，在发展自身业务的同时促进整个行业的进步。

第二节

电商供应链金融案例

一、京东供应链金融简介

京东集团旗下包括京东商城集团和京东金融集团。京东商城是B2C电子商务平台，有着优质的上游供应商以及下游消费者，拥有很多潜在的金融业务客户。作为交易平台，京东直接参与了上下游的交易，积累了海量数据，有着现成的大数据资源，开展供应链金融有着天然的优势。

京东供应链金融服务平台，是一个基于电子信息技术的服务平台，其主要是面向上游企业开展一系列完整金融服务。2012年11月27日，京东商城在中国银行的支持下，基本完成了供应链金融服务平台的建立。京东一方面为上游供应商提供贷款和理财服务，另一方面为下游消费者提供赊销和分期付款服务。近年来，京东持续加码互联网金融，致力于形成自己独具特色的京东供应链体系。

京东制定差异化定位策略，自建物流体系等，用大数据、技术优化、人工智能来降低金融商业的成本，逐步拥有以大数据为驱动的供应链体系。京东供应链金融是其金融业务的根基，目前涉及销量、产品预测、库存计划制定、供应商罗盘、智慧选品和智慧定价等各个环节。

从业务模式来看，京东供应链金融属于电商主导的供应链金融。京东供应链金融是运用大数据开展供应链金融的典型，业务主要包括两个方面：银行放贷，即将有融资需求的供应商推荐给合作银行；自有资金放贷，即使用京东自有资金为供应商提供贷款。京东供应链金融从银行放贷发展到自有资金放贷的过程中，推出了一系列的金融产品，本节选取其中有代表性的金融产品“京保贝”“京东白条”“京小贷”以及“云仓京融”（见图10-1）来进行介绍。

二、京东供应链金融中的大数据应用场景和实现途径

2013年12月，京东基于其在零售平台上的供应链优势，首次推出针对其自营供应链

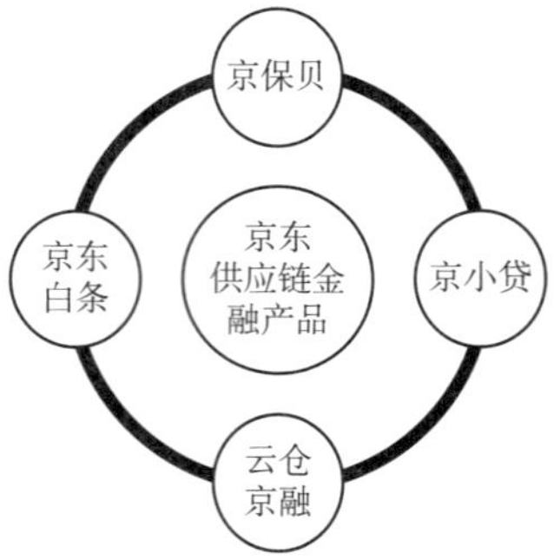

图 10－1　京东供应链金融产品服务

的金融产品——“京保贝”。与之前既有的运作模式不同，“京保贝”不再是京东负责授信，银行负责发放资金，而是将授信企业与贷款方合二为一，由京东使用自有资金来提供全部的融资资金，但服务对象仅针对自营平台的卖家。

“京保贝”是在原有的供应链金融服务基础上，借助大数据进行的升级，从供应商提出申请到贷款资金到账，整个审批过程均可以直接在线上系统中自动进行，不再需要传统的人工判断和审核。另外，京东可依据以往的交易记录等大数据进行授信，供应商无须提供额外担保和抵押。供应商只需在第一次申请融资服务时，与京东签订协议，并按照要求提供融资申请书等相关材料。再次申请时，相关材料就可以直接从系统中调取，方便快捷。供应商在客户端进行申请，需求信息会从京东的零售业务系统自动传递到保理业务系统。保理业务系统可以通过 ERP 系统了解供应商以往的交易数据以及信用状况，在此基础上为融资额度的核定提供参考。当融资申请金额在一定范围内时，根据相应的风险控制模型，线上系统会自动判断是否同意融资申请以及融资金额，而后京东的网银系统就会完成资金的发放工作。

“京东白条”于 2014 年年初面世，与“京保贝”针对上游供应商不同，“京东白条”是针对下游消费者个人推出的信贷服务。京东白条以京东会员的信用为依据，给消费者提供周转资金。消费者在购买商品时，有延期付款或分期付款两种不同的付款方式供选择，最大信用额度为 15 000 元。在京东白条专区，消费者按照要求填写姓名、身份证、银行卡等个人信息，提交白条申请材料之后，京东会通过大数据和云计算技术，对消费者在京东平台上产生的大量消费记录、退货信息、购物评价等消费行为数据进行分析和风险评级，以此作为授信依据，确定每个消费者的信用额度。白条业务覆盖京东自营及开放平台的大多数产品，申请白条服务的消费者需要绑定与京东合作的银行信用卡，申请和授信过程可在 1 分钟内在线完成。从上游供应商到下游消费者，京东的供应链金融走的是基于大数据分析的精准营销之路。

“京小贷”是京东金融于2014年10月推出的一项金融创新服务，服务对象是开放平台商家。通过对京东平台拥有的大量高质量、真实可信的商户信息进行分析，为开放平台商家提供融资服务，满足商家的融资需求。“京小贷”立足于信用的基础之上，申请的商家无须进行抵押，自主选择贷款，随借随还。在京东金融平台上，商家使用自己的账号进行登录，可以在线查看贷款资格。自主申请及自动审批均在线上进行，方便快捷。申请成功后，融资资金会立即到账，无缝衔接商家在京东的支付和结算等环节，融资期限最长有12个月。“京小贷”可以为不同的商家提供个性化的融资服务，商家可以自主选择融资条件，并且不同的融资条件对应不同的利率。稳定诚信的经营活动、良好的借贷信用记录等，都可以为商家争取更好的融资条件。此项金融服务弥补了“京保贝”覆盖范围的不足，不仅解决了小微企业面临的融资难题，而且增强了京东金融生态圈的竞争力。

2015年9月，京东联手中国邮政，推出“云仓京融”项目，这是互联网领域首个针对电子商务企业的动产融资供应链金融项目。京东电子商务平台储存了大量的商品SKU（库存量单位），其中包括商品的现时价格、历史价格、价格的波动情况以及其他电子商务平台的商品售价信息等。依据大数据和云计算技术对海量数据进行分析、处理，“云仓京融”能够预测在质押期间质押物的价格变化趋势，从而自动评估商品的价值和质押率，解决了在传统动产融资中常见的质押物价值难以确定的难题，给有融资需求的用户提供了更为方便快捷的服务。另外，传统的动产融资需要大量的人力、物力对质押物进行质量鉴定以及后续监管，难度较大。“云仓京融”则可以实现与仓储的WMS（仓库管理系统）无缝对接，直接获取所需的仓储及销售数据。只要与京东合作的仓储企业按照京东研发的监控系统要求发出指令，即可实现京东对质押物的监管，解决了监管效率低、风险大的难题。

三、京东供应链金融实施效果

京东依托B2C电子商务平台，沉淀了数亿网购客户和数万供应商的行为和信用分析数据。基于这些数据资源，京东上线供应链金融服务平台，开始面向平台商家提供采购、入库、结算前、扩大融资等方面的融资服务。

当前，京东自身已经建立了强大的物流体系，使得其除了能够对其自营产品供应商提供融资服务之外，也将服务对象扩展到了开放平台上的非自营供应商。通过对商家在京东平台上的采购、销售、财务等数据进行分析，系统即可完成自动化的审批、风险控制和放款。供应商贷款额度基于京东的大数据计算结果，商家可在额度范围内灵活融资。

从上游供应商到下游消费者，京东的供应链金融走的是基于大数据分析的精准营销之路。京东供应链金融的这些主流产品，服务于自己的受众群体和整个电子商务供应链，覆盖点集中在消费者、商家和产品之上，强调信息系统和大数据平台的信息交换，依据大数据建立风险控制体系，并可根据变动的数据自动计算识别出风险，最终完成授信。

京东的供应链金融是京东金融和在线零售业务紧密结合的产物，在利用大数据方面显得游刃有余。京东供应链金融业务的开展，利用了京东电子商务平台在资金流、物流和信息流、数据流上的天然优势，有助于平台上的企业及时清除库存、持续获得发展资金并形成良性循环。此外，京东供应链金融针对商家和个人客户的一系列产品有助于提高商家和客户的黏性，降低流失率，把它们紧紧绑在了自己的平台上，供应链金融业务已然成为京东的重要盈利来源之一。

四、数据管理能力成熟度评估

根据 DCMM，京东供应链金融的数据管理能力成熟度处于稳健级，即是 DCMM 的第 3 级。据上述分析，京东集团的数据管理能力成熟度评级已经接近量化管理级，京东属于较强的数据管理组织。根据 DCMM 稳健级的基本特征，其在京东中的具体体现如下：

1. 京东在日常的决策、业务开展过程中能够获取数据支持。作为主要的网上商城之一的京东商城，每一天都能够产生海量数据供内部业务人员开展分析工作。利用大数据技术对既有数据开展分析和深度挖掘，将有利于京东找到其中的内在隐含规律，能够提升其工作效率，在降低有关成本的同时找到业务突破口。

2. 京东的数据管理和数据应用结合了自身的业务战略、经营管理需求。京东集团旗下的京东商城是国内知名的网络购物平台之一，其用户在不知不觉中就为其带来了海量大数据。京东在经营网上商城的同时，发现了供应链金融和消费金融的潜在发展能力。

3. 通过利用自身所拥有的独特数据资源，京东开始了以自己为主导的供应链金融之路。作为网上平台，其既为平台上的商家提供短期贷款服务，又为个体消费者提供消费贷款服务。京东已经意识到数据是自己获取竞争优势的重要资源，并不断提升数据管理和应用水平。

当前，京东的数据管理能力正在向第 4 级量化管理级发展，其需要从下面几个方面做出努力：首先，企业应在组织层面上建立可量化的评估指标体系，准确测量数据管理流程的效率并及时开展优化工作；其次，企业应当争取机会参与到国家、行业等相关标准的制定工作中去；最后，企业内部要定期开展数据管理、应用相关的培训工作，积极为员工提供数据管理能力提升的机会。

第三节

零售供应链金融案例

一、国美供应链金融简介

国美控股集团成立于1987年，经过30余年的发展，已成为一家运营稳健、资本雄厚、整合能力强、多元化发展的大型现代化集团型企业。2015年，国美控股集团围绕“打造全零售生态圈”战略目标，构建了线下零售、互联网、智能家居制造、智能手机制造、金融投资、地产六大业务板块。国美金控投资有限公司依托产业优势，采取灵活快速的战略，紧绕核心零售生态圈，构建了包括支付金融、数据云、资产交易、创新金融和创投金融的五大平台，打造消费金融、供应链金融、理财、保险、基金以及跨界创新六大产品体系。截至2016年年底，国美金融已经取得商业保理、互联网小贷、基金销售、保险经纪、融资租赁等牌照，完全覆盖了公司当时的业务发展需求。

国美金控供应链金融业务于2015年8月正式上线，依托国美强大的生态圈，内部外部同时发力，业务类型涵盖商业保理、融资租赁、订单融资、预付款融资、信用贷款、票据贴现、仓单融资等，致力于快速解决企业在发展过程中遇到的资金问题，打造企业一站式融资服务平台。

国美把整条供应链视为一个集成体，将链上企业作为其合作伙伴，通过自身所处的核心地位，对整条供应链进行信息流和物流的协调，使各个职能分工合作，对整条供应链上物流、商流、信息流和资金流进行合理性和优化，从而提高整条供应链的竞争能力。

在平台建设上，国美供应链金融采用流程全线上操作，与核心企业实现系统对接，做到销售、应付、库存、合同等经营性数据在平台上实时推送。其目的在于以较高效率完成多方在线协同，提高作业效率，更快地解决企业的资金需求。

二、国美供应链金融中的大数据应用场景和实现途径

国美根据自身优势，在内部供应链金融产品开发上贴合上下游企业的需要，共开发出账云贷、信云贷、货云贷、票云贷4款产品。如图10－2所示。

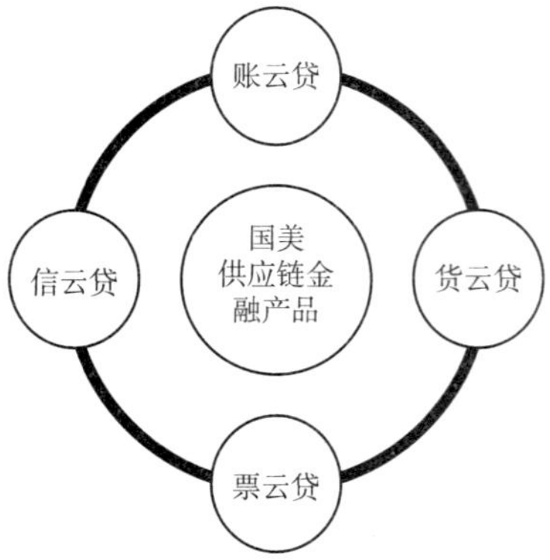

图 10－2　国美供应链金融产品服务

（一）账云贷——商业保理

账云贷是国美金控旗下的保理产品，也是国美金控投的第一个落地产品。供应商将对国美电器的应收账款转让给国美金控，并从国美金控旗下商业保理公司进行融资。与银行相比，商业保理公司的主要优势在于市场细分、数据处理和客户服务，以此为基础，在目标客户选择方面更具有针对性，且授信方式相对灵活。

传统银行保理囿于多方面原因，难以有效开展小微业务。国美金控账云贷以国美上游供应商应收账款为依托，采取 3 个月内随结随还的模式，按账期由国美电器付款给保理公司进行还款，剩余差额尾款由国美信达商业保理公司支付给供应商。该产品通过应收账款转让融资让未来的现金流提前变现，加速流动资金周转，改善经营状况，缓解客户由于应收账款积压而造成的流动资金不足的状况。

账云贷采用全线上操作，与传统金融机构相比，账云贷注册极为简便，合作企业仅需登入国美供应链融资平台，上传“三证”并填写银行账户等基本注册信息，便可提交审核，整个过程不到 3 分钟，快速有效地将合作供应商的应收账款转化为可持续的现金流。

（二）货云贷——存货质押

货云贷产品是国美供应链金融上线以来推出的第二个产品。供应商以存货作为质押，向国美金融申请贷款。该产品能够有效盘活企业库存，将存货转化为现金流。同银行贷款相比，货云贷全线上操作，盘活供应商库存，且授信期内不需要像银行贷款那样每年全额还款一次，规避了烦琐的流程。

（三）信云贷——企业信用贷款

信云贷是国美供应链金融推出的面向电器供应商的全线上信用类贷款产品。产品研发过程遵循精益产品研发 MVP 理念，1 周确定产品方案，2 周上线全新业务门户和产品核心功能，最短时间发布金融产品。

信云贷业务的主要流程为国美首先收集并分析供应商在历史数据库中的电器往来贸易数据，并将其输入已经形成的风控评级模型中。模型通过运算，将会输出合理的授信额度并得到验证确认，此后即可由供应商登录平台进行申请。

在风控方面，信云贷与电器系统对接，评级模型、授信模型全部数据化，4 000 多家供应商预授信额度超 30 亿元，产品上线首月放款即突破 1 亿元。

（四）票云贷——电子票据质押业务

国美的票据质押业务是以电子汇票业务为依托，利用客户持有的承兑汇票做质押开展信贷业务，全流程互联网化操作，更为快捷、透明和安全，重新定义了票据融资新模式。

三、国美供应链金融实施效果

国美金融供应链金融给予了中小企业全新的融资工具，同时，又满足了核心企业产业转型升级的诉求，通过金融服务，变现其产业链生态系统的价值，最终实现金融服务于实体经济的目的。这种多方共赢的生态系统，正是国美金融供应链金融未来所希望创造的商业价值和发展方向。

2016 年 7 月，国美供应链金融业务正式向外延伸，走出了国美现有生态圈，开始对外输出平台的技术及风控能力。在核心企业整条供应链运作的基础上，国美金融通过对供应链整体经营状态的评估，尤其是对核心企业支付能力和信用等方面的评估，为围绕核心企业的上下游中小企业提供融资服务，推进物流、信息流和资金流的高度整合，实现供应链核心企业与其上下游中小型企业“供—产—销”的顺利进行，最终提升整条供应链的核心竞争力，使三方达到共赢的局面。

在推进“1 + N”模式的基础上，国美集团与 B2B 平台开展深入合作，对其平台上的上、下游小微企业提供融资服务，去中心化，打造了“N + 1 + N”的供应链金融新模式。如图 10 – 3 所示。

国美金融在开发供应链金融业务产品的同时，将互联网与区块链技术构建到系统中，

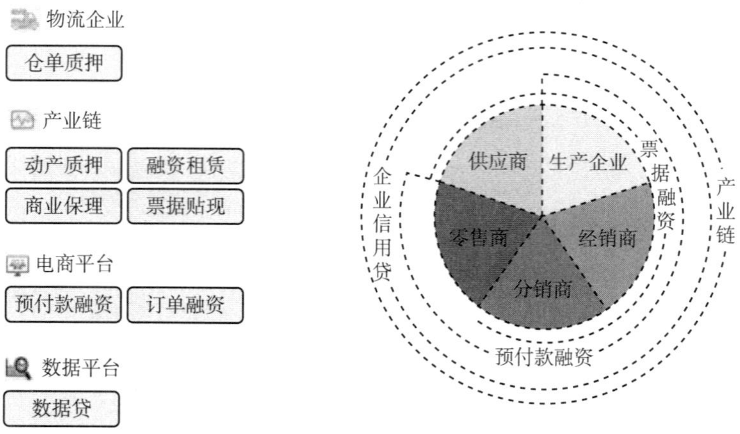

图 10－3　“N＋1＋N”供应链金融模式

将风控模型、资金结算平台等一并整合，避免了多个系统的复杂操作，构建出一个能够同时管理供应链成员、贸易过程、企业融资服务、支付结算服务、企业账款、资金管理的综合业务系统。国美金融通过广泛开展合作进一步深挖供应链金融的垂直细分市场需求，更精准地服务于有资金需求的企业，帮助企业实现转型升级。

四、数据管理能力成熟度评估

根据 DCMM，国美金融的数据管理能力成熟度处于稳健级，即是 DCMM 的第 3 级。根据 DCMM 稳健级的基本特征，其在国美中的具体体现如下：

国美金融建立了数据管理流程，将数据管理和应用与组织经营管理需求密切结合。国美金融根据自身优势，在内部供应链金融产品开发上贴合上下游企业的需要，总共开发出账云贷、信云贷、货云贷、票云贷 4 款产品。

在 4 款产品服务的运行中，信云贷业务最好地体现了数据的价值。通过大数据模型分析，将更好更快地取得不同主体的授信额度，促进工作进一步展开。

国美供应链金融的日常决策依赖于数据分析的结果，需要以数据作为支撑条件，是数据资产价值的良好体现。

当前，国美金融的数据管理能力成熟度正在向第 4 级量化管理级发展，需要从几个方面不断尝试和努力。首先，企业应在组织层面建立可量化的评估指标体系，准确测量数据管理流程的效率并及时开展优化工作；其次，企业应当争取机会参与到国家、行业等相关标准的制定工作中去；最后，企业内部要定期开展数据管理、应用相关的培训工作，积极为员工提供数据管理能力提升的机会。

第四节

制造供应链金融案例

一、海尔供应链金融简介

2014 年，海尔集团开始着手产业升级，全面部署“三化”战略。企业的互联网思维对应“企业的平台化”；企业的互联网宗旨对应“用户的个性化”；而员工的价值体现在“员工的创客化”。

互联网对企业的影响其中一方面就是企业的平台化，海尔提出建立线上高效的产业生态平台。而实现“用户个性化”，需要改变传统的产销分离模式，随着产业发展效率的提升，市场需求的不断加强，用户的产品个性化需求给制造企业提出了更高的要求，这使得企业必须降低同质化库存，根据定制计划按需生产。平台化战略给海尔在经营过程中提出了两项要求，从整体到局部细化企业职能分工，一是由海尔电器作为公司的渠道和管理核心，提供生态圈整体规划方案以及服务升级标准的制定；二是由青岛海尔作为产品制造中心，打造智慧家居生活平台。“企业平台化”和“用户个性化”两项条件，决定了海尔集团改变原本的商业运作模式，采用互联网供应链金融方式。

在此新型模式下，下游经销商的资金问题成为影响整个供应链运作的掣肘，根据以往海尔与经销商的交易习惯，经销商在提出采购计划时要向海尔支付一定比例的预付款，经销商在支付款项后，海尔会组织生产，完工后经销商打尾款赎货。在传统的经销模式下，由于多级经销商的存在，中间规模较大的经销商有充足的资金补偿货品生产期的资金空白，但是当海尔做出去中间化的整改要求后，海尔直接面向最终端流动资金薄弱的小规模经销商时，小规模经销商难以承受这种模式下的资金压力，加之这些企业多数没有充足的资金或是抵押物作为担保，很难从银行获得资金或者融资成本高昂，这便给小规模经销商带来了不便，也给整个供应链的运行带来麻烦。

为解决终端小型经销商资金不足的问题，海尔提出实施互联网供应链金融模式。2014 年 4 月，海尔与中信银行、平安银行签订合作协议，以海尔集团为信用中心，为下游小规模经销商提供供应链融资支持。随后，海尔金控旗下海融易平台正式加入海尔供应链生态圈，海尔将自己的部分资金也投入到供应链资金流中，将核心企业的作用范围、控制力度再一次扩大。

二、海尔供应链金融中的大数据应用场景和实现途径

（一）基于物权控制的货押模式

海尔集团供应链中重要部分是海尔自主的物流系统日日顺。日日顺成立于1999年，在港交所主板上市，主要从事海尔产品物流服务以及非海尔品牌的渠道拓展、资源整合等业务。日日顺具有自身的平台体系，融合了物流网、产品信息网、售后服务网等组织结构。通过互联网使企业与用户连通，成为“员工创客化”的交流平台，海尔集团的创客化不仅仅局限于集团员工，更针对消费客户，日日顺平台提供了客户交流渠道，将创新元素头脑风暴后进行整合，不仅降低了研发成本同时也更了解客户需求。“虚网”与“实网”的线下优势相结合，使日日顺物流成为目前基于制造业的中国最大的物流网络之一。

货押模式主要针对节假日的消费高峰、大型促销活动以及相关紧俏商品等大额采购情况下的金融解决方案。货押模式的具体操作流程是：下游经销商针对销售计划在日日顺官网提交订单，并向银行支付货款的30%，随后经销商可向海尔供应链金融系统提出申请货押融资，日日顺官网系统通过对以往该经销商的采购信息数据的整理提交给银行并提出建议额度，银行审批后将款项转入经销商监管账户，随后付款至海尔财务公司，进行货物生产，产成品发货至日日顺物流监管仓，进入质押状态并通知经销商，经销商提出赎货申请，并向银行补齐全款，仓库得到通知后解除质押，通知经销商提货。

海尔集团的货押模式主要基于其自身的物流体系，以物权控制信息流进而控制资金流，海尔30多年的生产经营体系下积累的大量客户、商户的信息是海尔组建自身物流系统的基础，也是海尔供应链金融的关键。首先稳定的配送订单，海尔产品多数情况下会在日日顺物流下进行配送。其次监管仓可受核心企业控制，不会造成类似青岛港事件“一货多抵”的风险隐患。最后货押模式是供应链金融种类中相对风险较低的一种模式，海尔集团自身可将风险降至最低，同时银行具有货品质押，在经销商无法按时偿还债务时，银行优先拍卖货品补齐资金缺口。

（二）基于经销商信用的信用模式

与货押模式相比，信用模式主要针对经销商的日常按月采购，采购金额较小，流程相对更加简化，方便资金周转。

信用模式的具体流程是：经销商向海尔供应链金融系统提供当月的预采购订单，海尔

智慧工厂根据预采购订单安排生产，海尔供应链金融和商业银行根据经销商积累的信用记录，分析信用状况并提供全额资金支付至海尔财务公司，财务公司收到货款准许工厂发货，智慧工厂通过日日顺物流系统将货物配送至经销商处，经销商收到货后支付款项至商业银行或相关金融机构。

在信用模式下，小型经销商打破了传统大型上游企业占有资金支配主动权的问题，经销商在收到货物前不必将货款提前支付给生产商，保证了小规模经销商资金周转的顺畅且没有长时间资金的无效占用。海尔通过交易信用积累的大数据对于长期合作的小型经销商提供资金上的便利也在一定程度上保证了供应链的长期稳定。

（三）基于商业银行及网络借贷平台的资金运营模式

现行供应链金融模式主要的资金来源便是商业银行。在传统的商业借贷中，中小型企业处于弱势群体地位，由于规模小、相关制度不完善、财务系统混乱等问题很难直接从商业银行获得贷款，进而限制了其与大型企业的合作以及自身的拓展完善。而供应链金融是核心企业作为主导，把握整条供应链的每个环节，也对供应链上的中小企业做一定程度上的担保工作，但这种担保并不是简单的抵押与质押的形式，是以实际的交易记录、实体货物作为银行担保，由核心企业作为纽带，帮助中小企业获得短期周转资金的形式。海尔最早与深圳发展银行建立供应链金融合作关系，随后与建设银行、工商银行等大型国有商业银行建立联系，将供应链金融模式在国内发展起来，成为帮助中小型企业融资的新途径。

在海尔逐步完善供应链金融体系之后，海尔涉足建立属于自己的供应链生态系统，资金部分便引入了自己的网络借贷平台“海融易”。“海融易”全称是青岛海融易网络科技有限公司，2014 年 12 月正式上线。“海融易”由上海乐赚互联网金融信息服务有限公司 100% 控股，为海尔集团（青岛）金融控股有限公司成员企业。其金融产品依托于海尔的供应链资源，产品规划、资金投向均在海尔内部产业链完成。

同其他网络借贷平台不同，海融易不是完全意义上的风险投资，它有一部分资金是投入自身的供应链金融体系中，作为补充商业银行贷款的一部分，这种投资也同样取得了投资者的信任，以资金雄厚的大型制造企业为背景，可以保证资金的安全性，同时也为企业带来了新的发展机遇。海尔海融易平台业务流程如图 10 - 4 所示。

目前海尔体系内有上游供应商 4 000 余家，下游经销商 3 万余家。体系内丰富的客户资源，让乐赚的供应链金融业务得以快速发展。在这个链条中，相比于供应商，经销商规模更小，也更难获得匹配的金融服务，因此在平台的运营过程中，乐赚金服会更注重对于经销商的支持，以最大效率地赋能海尔供应链体系，根植普惠金融，服务实体经济，这也是乐赚金服海融易开展供应链金融业务的初衷。

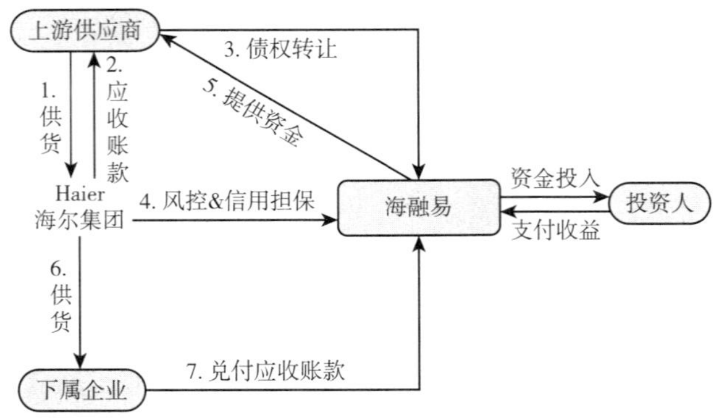

图 10－4　海融易平台业务流程

想要保障供应链金融业务持续、健康的发展，必不可少的就是强有力的风控体系支持。乐赚金服的风控体系由贷前预判、贷中管理、预期管理以及四流合一这 4 部分组成。利用供应链数据，结合外部数据，C＋B 联合分析，多角度、多维度地分析客户整体情况，海融易可以做到精准的贷前预判，并在贷中通过多角度数据管理，提前介入预警。如果出现逾期，海融易将结合产业资源，积极协助非恶意逾期的客户协调资源摆脱困境。

海融易独特大数据风控系统“三流合一”经过升级已成为“四流合一”，由原本的资金流、物流、信息流，新增了商品流数据。作为海尔金控成员，海融易承接着丰富的生态资源，对于数据资源的整合打通具备了先天优势。通过“四流合一”大数据的整合，海融易可以做到对每一个供应链金融项目全方位的“透视”，保障项目的真实性与风险可控性。这一模式从海尔内部到外部产业链均已有了非常好的实践演练，也成为海融易在供应链金融行业风控领域中的创新突破。

三、海尔供应链金融实施效果

海尔集团通过设立全资子公司渗透至供应链金融服务领域，海融易对资金流、信息流、物流进行有效控制，由此获得了优质资产；海融易通过与海尔 ERP 对接，分析经销商的历史数据和趋势。进行审核时，海融易运用海尔产业数据对融资方的资信、风险、放款额度进行确认；另外，海尔独有的大数据分析使得海融易对融资服务全程进行 360 度动态管控；海融易已将该系统复制到海尔体系外的多个产业，在化工、医药器械、农业、房产等产业链快速复制扩展。与此同时，海尔也逐步打造了金控生态圈。

海融易深耕制造业供应链金融，逐渐成长为此领域的标杆性企业，据网贷天眼数据，2019 年第一季度供应链金融业务海融易成交量排名第一，海融易累计交易额已经超过 601

亿元。海融易以海尔内部供应链为模板，在各行业产业链上进行垂直细分式深度挖掘，为有需求的企业提供精准服务，切实地服务于有融资需求的中小微企业，为国内供应链金融与实体经济的结合探索出很多可行性实战经验。

四、数据管理能力成熟度评估

根据 DCMM，海尔的金融数据管理能力成熟度处于稳健级，即是 DCMM 的第 3 级。根据 DCMM 稳健级的基本特征，其在海尔中的具体体现如下：

1. 海尔意识到数据的价值，建立了数据管理流程。海尔先后建立了货押模式、信用模式和资金运营模式，并最终推出自己的海融易网络借贷平台，将大数据风控系统嵌入其中并不断升级，打造了自己的金控生态圈。

2. 海尔的数据管理和应用能够结合自身业务战略和经营管理需求。从为供应商服务到为经销商服务，再到为个人用户服务，海尔将数据管理和应用的服务对象一再扩大，将数据价值在自身的经营管理中不断催生。

海尔的数据管理能力成熟度正在向第 4 级量化管理级发展，需要从下面几个角度做出努力：首先，企业应在组织层面建立可量化的评估指标体系，准确测量数据管理流程的效率并及时开展优化工作；其次，企业应当争取机会参与到国家、行业等相关标准的制定工作中去；最后，企业内部要定期开展数据管理、应用相关的培训工作，积极为员工提供数据管理能力提升的机会。

第五节

本章小结

大数据技术下的供应链金融数据来源更广泛，从单一的小微企业应收账款和存货的数据变成了核心企业、中小企业、物流仓储等供应链的参与各方以及银行、金融机构、监管机构等数据平台共同提供的数据。传统的数据收集与大数据技术下的数据收集相比，无论是数据来源，还是数据的真实性、完整性等方面都有巨大提升。大数据技术将原有的信息孤岛打通，建立链条上的企业之间的交易数据和全方位多维度数据库。通过互联网云端获取企业之间交叉交易数据，实现在共同的交易平台上的数据连通和共享，将原先无法覆盖的中小企业客户纳入供应链信用体系，摆脱融资中存在的硬性担保等措施弊端。

供应链金融的大数据应用大大减少信息不对称现状，银行可以根据企业之间的投资、控股、借贷、担保以及股东和法人之间的关系，形成企业之间的关系图谱，有利于关联企业分析及风险控制。银行可以将生产数据、各种物料劳务水电消耗、人员成本和财务报告等一系列情况进行全面整合分析，形成一种动态的、可持续的、多维度的数据源，建立全面系统的征信数据库。同时通过对供应链金融中的参与主体各自的财务数据进行立体的多维度的分析研究，并通过对交易记录进行交互核对，提高数据的精确性，提高征信评估的准确性和放贷速度，减少信息不对称引起的对中小企业发展的不利影响，降低评估企业过程中的风险。

供应链金融的核心仍然是风险控制，将风控与大数据结合，不断完善优化风控制度和体系。应用大数据技术，银行以核心企业为切入点，将供应链上的多个关键企业作为一个整体。利用交往圈分析模型，持续观察企业间的通信交往数据变化情况，通过与基线数据的对比洞察异常的交往动态，评估供应链的健康度，为企业贷后风控提供参考依据。

在可预见的未来，大数据和金融技术的发展将会进一步推动供应链金融的不断创新和应用，促进供应链金融向纵深发展。从大数据角度看，基于大数据分析审核核心企业资质和评估其还款能力的准确性将会进一步提高，从而提高放款融资的速度并达到供应链体系内的风险平衡；从物联网等技术角度看，企业可以通过传感、导航、定位等技术方式，在仓储和货运环节来控制交易过程，提高终端交易的真实性，并通过物联网平台，打通资金融通、资源需求，实现现代物流与现代信息系统的高度融合，形成信息共享。此外，未来更可利用人工智能、机器学习、深层分析，并加载传感器等物联网以进一步丰富动态数据库，定期自动更新客户画像，主动给优质客户提升授信额度。结合最新的区块链技术，供应链金融的发展需要多方进行合作，利用区块链和来自多方面的数据搭建场景，创造信任环境。

本章复习题

1. 简单介绍什么是供应链金融，谈谈大数据对于传统供应链金融有哪些影响，基于大数据的供应链金融和传统供应链金融有哪些明显差异。

2. 简要介绍京东供应链金融中的主要产品类型及其基本流程。

3. 简要介绍国美供应链金融中的主要产品类型及其基本流程。

4. 简要介绍海尔供应链金融的主要模式及其基本流程。

5. 试着谈谈你对上述 3 家机构的供应链金融的看法，可以围绕其主要产品类型或服务模式，也可以试着分析其相同之处或存在差异的原因。

第十一章 大数据金融监管创新应用

【本章重要知识点】

1. 大数据金融不断创新发展，随之而来的是一系列监督管理上的难题。大数据金融监管本身也可以使用数据分析和处理技术，监管者通过提升自身的技术水平，使用多样化的监管手段，实现了以往很难实现的监管目标，有助于金融行业的稳定安全发展。

2. 蚂蚁金服集团借助自身掌握的大数据信息，开发了智能反洗钱检测平台。针对7类常见的犯罪特征场景，该平台开展了模型构建和自动识别功能的建设。当前，蚂蚁金服智能反洗钱平台已经为有关机构的反洗钱工作提供了大量有价值的线索和信息。

3. 深交所为加强对证券市场业务的管理，研发了统一风险监测平台。该平台基本涵盖市场运行风险监测以及股票质押、融资融券、固定收益三大重点业务风险监测，初步实现了事前、事中、事后全过程风险监测，是大数据金融监管的典型范例。

4. 中央银行在其所涉及的许多业务领域都开展了大数据技术应用工作，实现了大数据技术的场景化，也提高了其开展金融监管工作的整体效率，取得了良好的成效。

第一节

大数据在金融监管中的应用及发展趋势

随着互联网、大数据、人工智能等新兴信息技术在金融行业的广泛应用，金融新业态、新模式层出不穷，传统的金融监管模式已经难以满足及时性、有效性和穿透性的要求。与此同时，新技术的快速发展也为金融监管发挥更大效能提供了一个良好的契机，信息技术尤其是大数据技术，将会重塑金融监管模式。大数据的特征使得其应用于金融监管时的精确性、完整性和时效性远远高于传统的监管手段，为金融监管和风险预警提供了全新的手段。

传统的数据分析受数据量较小和处理能力不足的限制，通常只抽取总体数据的一部分进行分析。由于数据样本容量与数据总体容量存在差异，必然造成样本的统计特性与总体的统计特性呈现一定的差异性，通过样本分析出来的结果未必符合总体的特征，准确度不高，一般需采用多次采样。在金融行业，上述方法变得不再现实，因金融行业对分析结果的准确度要求极高。相关研究表明，即使数据分析的错误率在8%以下，对于投资决策、监管分析而言，该错误率仍不可接受。大数据的一个典型特点是样本即总体，分析基础即为总体数据，这将大大提高数据分析结果的准确性，提高了依靠数据分析作为投资分析、监督管理的可靠性。

在传统的数据时代，数据往往只能刻画一个主体的某一部分。以监管为例，银行领域的监管部门只掌握被监管主体在银行体系中的活动数据，证券领域的监管部门只掌握其在证券体系中的活动数据。传统的金融监管受制于数据资源有限、信息不对称等因素，只能依据几个主要指标对金融行业进行监管，监管措施存在片面性。而大数据提供的高效分析手段及数据整合理念，使跨领域的数据共享常态化，再结合其他诸如互联网、移动互联网、物联网等产生的数据，使金融监管部门能够刻画出一个主体完整的金融行为活动图，进而能够准确地定位风险。

当前信息技术广泛应用于金融行业，金融市场的相关数据无论是产生还是变化都很快速，对金融监管的时效性提出了很高的要求，必须在短时间内完成监测和预判，有些领域甚至要求实时动态监管。受制于监管成本高昂、监管技术有限等因素，传统的金融监管能够获得的数据存在一定的滞后性，导致传统金融监管难以及时开展监管活动。而借助于大数据，金融监管部门将实现监管渠道电子化，能够随时随地获取金融数据，及时监测金融行业的经营活动，实时快速地处理分析金融数据信息，大幅提高金融监管的时效性。

第二节

蚂蚁金服智能反洗钱监测平台案例

一、蚂蚁金服简介

蚂蚁金融服务集团起步于2004年成立的支付宝。2013年3月，支付宝的母公司宣布将以其为主体筹建小微金融服务集团，小微金融（筹）成为蚂蚁金服的前身。2014年10月，蚂蚁金服正式成立。

蚂蚁金服致力于打造开放的生态系统，通过“互联网推进器计划”助力金融机构和合作伙伴加速迈向“互联网+”，为小微企业和个人消费者提供普惠金融服务。蚂蚁金服依靠移动互联、大数据、云计算为基础，不断拓展普惠金融重要实践。蚂蚁金服旗下有支付宝、余额宝、招财宝、蚂蚁聚宝、网商银行、蚂蚁花呗、芝麻信用等子业务板块。

智能反洗钱监测平台是蚂蚁金服旗下的一项产品服务，主要针对金融机构以及监管机构，为其提供反洗钱现场检查能力。该服务主要包括可疑交易的风险识别以及自定义反洗钱模型，发现非法集资、地下钱庄、涉毒涉赌、恐怖融资和走私等风险。

二、反洗钱监测平台中的大数据应用场景和实现途径

洗钱作为一项极为隐蔽的犯罪，其上位犯罪包括毒品、黑社会、走私、恐怖活动、贪污贿赂、破坏金融秩序和金融诈骗“七宗罪”。洗钱的方式多种多样，因此反洗钱存在甄别关系、非法与合法同构、内外协作三大难题。

一直以来，银行反洗钱工作的开展，主要依赖于反洗钱专家的经验规则。但随着银行交易量逐年增长，可疑交易宗数年增长30%—40%，仅通过人工规则优化来减少可疑案件量，难以建立规则优化的长效机制。据了解，目前的反洗钱工作主要通过大额可疑信息报告制度完成，具体到可疑交易识别、预警、报告等过程，均需要大量金融机构的前台柜员来参与。这样不仅增加了信息搜集和报告的边际成本，而且还存在覆盖面窄、误报率高、时效性差等缺点。

因为掌握了大数据，蚂蚁金服在反洗钱工作中采取了先利用数据智能化排查，待发现可疑交易后再进行人工甄别的方式，从而大大提高了效率，也降低了误报率。其核心功能如图 11－1 所示。

图 11－1　蚂蚁金服反洗钱监测平台核心功能

蚂蚁金服分析了常见的 7 大类上游犯罪交易特征，并以此为基础，结合互联网支付特性，综合考虑客户属性、交易及资金属性、环境设备及关联关系等信息，自主建立异常交易监测规则。同时，研发离群特征分析模型侦测偏离正常模式的交易。利用大数据，蚂蚁金服将建立起这 7 大类上游犯罪的监控模型，一旦用户的资金行为出现可疑迹象，机器将自动识别。而且通过以往的案件中总结出可量化特征，学习各种黑样本之后，这套智能反洗钱体系还将会越来越聪明。

蚂蚁金服在探索利用大数据搭建起智能反洗钱体系后，将会与金融机构合作，加大对恐怖融资和网上洗钱的打击力度。下一步，还将上线反洗钱风险指数，提供给监管部门，以便监管实时掌握网络上洗钱风险。

三、反洗钱监测平台实施效果

反洗钱工作的开展和实施，对中国经济社会的健康有序发展具有重大意义：不仅有利于及时追查并没收犯罪所得，遏制洗钱犯罪及其上游犯罪，维护经济安全和社会稳定，而且有利于消除洗钱行为给金融机构带来的潜在金融风险和法律风险，维护金融安全；同时，能够切断资助犯罪行为的资金来源和渠道，防范新的犯罪行为，保护受害人的财产权，维护法律尊严和社会正义。

人工智能技术是一项可迭代的系统工程，将充分结合有监督和无监督算法，侦测新型洗钱特征，并迭代优化反洗钱可疑案宗评价模型；此外，结合算法侦测的新获特征，运用多分类模型，还可实现智能识别反洗钱类型，并强化反洗钱可疑评价模型，实现重点可疑案件识别。人工智能模型可以反哺反洗钱知识库，实现知识积累，迭代优化反洗钱规则体系，并实现反洗钱审核闭环优化体系。蚂蚁金服反洗钱监测平台作为智能反洗钱业务的代表，已经将大数据在反洗钱领域的能力展现出来，并在实践中找出了部分藏匿于网络空间的洗钱黑手，为金融行业安全和国家经济社会发展做出了巨大贡献，也为金融监管提供了技术支持。

四、数据管理能力成熟度评估

根据 DCMM，蚂蚁金服的金融数据管理能力成熟度处于稳健级，即是 DCMM 的第 3 级。根据 DCMM 稳健级的基本特征，其在蚂蚁金服中的具体体现如下：

1. 蚂蚁金服将数据管理和应用与组织业务战略、经营管理需求、外部监管需求紧密结合，并通过获取数据支持，提升了工作的效率，使数据管理更加规范化，发挥了数据的价值。

2. 具体来说，蚂蚁金服智能反洗钱平台通过大数据分析，建立了反洗钱监测模型。基于大数据的反洗钱监测平台建设，既符合蚂蚁金服自身的业务发展战略，又满足了其开展有关经营管理和外部金融监管机构对于网络洗钱等违法违规业务进行监管的需求。

当前，蚂蚁金服的数据管理能力成熟度向第 4 级量化管理级发展，需要进一步提高数据管理工作评估体系的建设力度，尽快实现不同业务领域和业务场景范围下的数据共享，将重要数据打造成为企业核心资产，将大数据技术作为未来的核心竞争力开展培育工作。

第三节

深交所统一风险监测平台案例

一、深交所统一风险监测平台简介

近年来，大数据、云计算、人工智能等新技术蓬勃发展，在金融行业的应用也日益成熟，在推进资本市场服务实体经济、防控风险、深化改革等方面发挥了日益重要的作用。

目前，通过充分运用文本挖掘、知识图谱、机器学习等先进技术开发智能监管工具，深交所基本建成涵盖市场运行风险监测以及股票质押、融资融券、固定收益三大重点业务风险监测的统一风险监测平台，初步实现事前、事中、事后全过程风险监测。

二、深交所统一风险监测平台中的大数据应用场景和实现途径

（一）整合内外部数据资源，有效提高风险监测效率

深交所统一风险监测平台充分利用大数据、文本挖掘等先进技术，集成交易数据、监管信息等内部信息与系统内共享数据、舆情资讯等外部信息，辅助监管人员全面把握、深入分析风险信息，有效提高风险监测效率。

其中，市场运行风险监测系统有机整合内外部数据，汇总提炼政策舆情等散落的非结构化信息，实现数据批量导出、报告一键生成等便捷功能，有效提升市场风险分析效能。股票质押风险监测系统通过健全信息共享机制，填补场外股票质押数据空白，完善上市公司股票质押数据库，显著提升全市场质押风险监测敏感性、有效性，为跨机构监管协作和风险应对奠定基础。融资融券风险监测系统覆盖标的交易、担保证券、会员强制平仓等信息资源，固定收益风险监测系统融合债券交易、评级数据与发行人财务、监管信息，切实提高市场杠杆水平和信用风险的监测效率。

（二）构建风险监测指标体系，强化风险动态监测跟踪

结合监管实践经验和业务风险特征，深交所构建了一套风险监测指标体系，为不同业务量身打造风险监测“工具箱”，强化风险动态监测跟踪。

具体来看，市场运行风险监测系统基于“六位一体”分析框架，构建市场交易、公司经营、市场资金、市场估值、政策舆情、市场信心六大模块，涉及170余个观测指标，涵盖指数贡献度、估值结构等新指标，拓展市场运行监测广度和深度。股票质押风险监测系统从市场整体、个股情况、单一股东等维度，通过不同时期纵向对比、同行业公司横向对比等，精准监控警戒级、平仓级质押风险。融资融券风险监测系统从担保品分析、强制平仓分析、风险测算等角度，结合市场调研情况、历史统计数据，设置多层次风险监测指标体系，加强对两融业务风险的有效监测。固定收益风险监测系统精选基本信息、财务指标、交易情况三大类共26个核心指标，从风险债券识别、交易监测、风险台账等多方面全面提升债券风险监测水平。

（三）风险预警自动化、可视化，不断提升预判能力

深交所探索研发了多个智能预警模型，推出融资融券压力测试功能，帮助监管人员及时制定应对预案、提前防范潜在风险。例如，市场运行风险监测系统探索性地纳入了深交

所自主研发的图形监测预警模型（GFI 模型）和极值监测预警模型（EVFI 模型），初步实现市场风险自动化预警。融资融券风险监测系统支持对任意担保证券、多种股价下跌场景进行压力测试，通过图表跟踪分析不同场景之间的风险变化脉络，动态评估对投资者及股票的影响程度，切实提升两融业务风险自主分析和预研预判能力。

深交所综合应用数据可视化技术，通过图表结合、动态演示等多种形式，深交所实现了风险状况可视化。例如，市场运行风险监测系统“风险驾驶舱”对市场运行概貌进行“全景式”刻画，辅助分析人员及时掌握市场风险动态。股票质押风险监测系统以“气泡图”形式展示多层次质押风险分布，以“风险雷达图”进行同行业风险对比，以“效益指标雷达图”展示企业运营风险，辅助监管人员多维度把握风险情况。融资融券风险监测系统从强制平仓风险等级、风险证券等级个数等方面清晰展示深市大面积强制平仓风险，固定收益风险监测系统在“债券风险得分”和“个人持债比例”二维坐标轴内直观展示债券风险测评分布情况等。

三、深交所统一风险监测平台实施效果

如何运用新技术提升监管的质量和效能，是摆在一线监管者面前的一大课题。深交所通过建设统一风险监测平台全方位监测市场运行风险，并涵盖了对股票质押、融资融券、固定收益三大重点业务的风险监测。平台运用文本挖掘、知识图谱、机器学习等先进技术，提升了监管的质效及风险预判能力。

借助大数据、人工智能等前沿科技，深交所构建交易所风险防控组合拳，初步实现了事前、事中、事后全过程风险监测。在完善风险监测平台上述功能的基础上，深交所一直坚持自主研发，进一步加强了科技监管系统建设工作，继续扩充内外部数据覆盖范围，逐步完善了风险监测指标体系，并优化风险监测模型。依托新一代信息平台建设，深交所将打造“更为全面、质量更高”的统一风险监测平台，使科技应用与业务风险防控深度融合，筑牢金融风险防控底线。

四、数据管理能力成熟度评估

根据 DCMM，深交所的金融数据管理能力成熟度处于受管理级，即是 DCMM 的第 2 级。根据 DCMM 受管理级的基本特征，其在深交所中的具体体现如下：

1. 深交所意识到数据的重要性，并将数据质量和数据孤岛视作重要的管理问题。

2. 深交所统一风险监测平台充分利用大数据、文本挖掘等先进技术，集成各类有关

交易数据用于辅助监管人员全面把握、深入分析风险信息，提高风险监测效率。

3. 深交所进行了初步的数据集成工作，尝试将各个业务系统的数据进行整合，并设计了相关的数据模型和管理岗位。

当前，通过充分运用文本挖掘、知识图谱等先进技术，深交所已基本建成涵盖市场运行风险监测以及股票质押、融资融券、固定收益三大重点业务风险监测的统一风险监测平台，初步实现事前、事中、事后全过程风险监测。其数据管理能力向第 3 级稳健级发展，需要更多地参与到行业数据管理相关培训中，尝试更好地将数据管理与自身的日常业务工作开展融合，建立起完善的数据管理规章和制度，以指导数据管理业务流程的有序进行。

第四节

大数据在中央银行应用案例

一、中央银行大数据简介

数据作为信息的表现形式和载体，在计算机时代盈千累万，瀚若星海。当前，研究基于大数据的数据处理技术、方法和手段，已成为行业关注、探索和实践的热点。中央银行作为国家货币当局，应用大数据技术可进一步丰富数据来源、提升分析手段、拓展共享渠道，为央行履职金融决策分析、防范化解金融风险、维护国家金融稳定带来新的改变，也将推动金融领域新的变革，为央行履职打开新局面。

在大数据、云计算、移动互联网、人工智能等新技术飞速发展，银行业务与新技术加速融合的大背景下，要实现系统性金融风险的主动防范、科学防范，打好监管提前量，提升风险应对及时性，同样需要向科技要监管效率，运用新技术手段，提升监管有效性，这是建设治理现代化网络强国的客观要求。中央银行作为主要的金融监管主体，运用大数据技术也是大势所趋。

二、中央银行中的大数据应用场景和实现途径

应用大数据技术，一方面强调数据完整性和多样性，另一方面也关注数据之间的关联关系，具体表现为：一是对全量数据实时动态分析，做到以数据驱动分析结果，既可修正现有

理论，也可对未来趋势进行预测分析；二是数据量级庞大，一定程度上放松了对数据质量的要求，少量劣质数据的存在不会影响最终分析结果；三是大数据方法强调数据关联，通过技术手段发现与系统性风险高度相关的变量，进而实现对系统性风险的检测与预判。因此，大数据可广泛应用于宏观审慎评估、宏观经济形势分析、金融监管与风险防范、社会信用体系建设、反洗钱、精准服务实体经济等多个领域，全面提升央行履职能力。如图 11－2 所示。

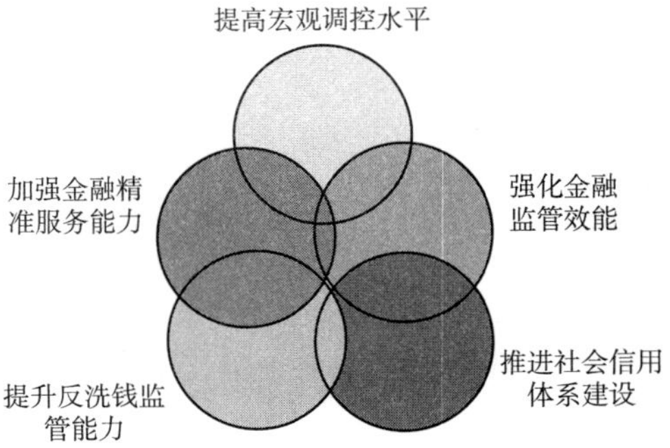

图 11－2　大数据技术在中央银行的主要应用场景

（一）提高宏观调控水平

建立金融宏观调控数据体系，提升信贷统计分析效果，加强与政府、商业、互联网等相关数据资源的关联分析和融合利用，建立基于大数据的宏观调控分析模型，为国家宏观经济政策的调整提供依据，提高宏观调控的科学性、预见性和有效性。

（二）强化金融监管效能

建立“穿透式”金融监管体系，使监管部门全面掌握金融机构信息数据，及时准确把握和掌控机构行为，降低“监管俘获”风险，高效执行宏观审慎、微观监管政策，助力金融监管部门及时科学决策。建立宏观审慎评估体系，提高宏观审慎管理的效率和质量，量化系统性风险，强化金融风险预警水平，有力防范和化解金融风险，维护金融稳定。

（三）推进社会信用体系建设

充分利用社会各方面信息资源，打破行业间信息孤岛，汇集金融、工商、税务、检察、海关等公共信用数据，整合互联网、电子商务等相关数据，建立多维度、全覆盖的大数据征信平台，为经济高效运行提供全面准确的基础信用信息服务。

（四）提升反洗钱监管能力

优化反洗钱资金监测分析机制，建立国家层面跨行业的反洗钱数据分析平台。通过海量数据分析，发现异常可疑交易线索，初步筛选出有价值目标，为下一步案件调查做准备。加强反洗钱监管部门之间的信息共享和联动协同，提高对洗钱犯罪行为评估和预测的准确性和及时性，维护社会稳定。

（五）加强金融精准服务能力

与发改委、财政、民政、工商、扶贫等部门协调联动，实现数据聚合，降低信息不对称，找准金融服务的支持方向和切入点，为不同层次、不同领域、不同类型的对象提供精准服务。组织推动金融资源向更有效率和急需扶持的产业流动，支持普惠金融、绿色金融发展，更好地服务实体经济。

三、实施效果

应用大数据推动经济发展、完善社会治理、提升政府服务和监管能力是发展趋势。大数据在央行政策制定中将逐步发挥越来越重要的作用。

首先，利用大数据技术可以拓展数据来源，夯实决策信息基础。多渠道获取经济金融及相关行业海量数据，丰富金融统计数据来源，增强数据采集的全面性和完整性，为央行决策分析提供来源广泛、类型丰富的数据资源。

其次，利用大数据技术可以改进分析手段、深度挖掘数据价值。通过利用更为先进和多样化的大数据分析技术，揭示经济运行的深层次关联问题，分析国家宏观经济形势和发展走向，为加强决策的科学性、精准性和有效性提供技术支撑。

最后，利用大数据技术可以优化决策流程，提升决策时效。整合数据资源，打破信息孤岛，实现信息的全方位共享，进一步优化决策链条，缩短决策周期，提升决策效率，实现决策对经济金融运行情况的快速响应。

四、数据管理能力成熟度评估

根据 DCMM，央行的数据管理能力成熟度处于量化管理级，即是 DCMM 的第 4 级。根据 DCMM 量化管理级的基本特征，其在央行的日常业务中的具体体现如下：

1. 央行已经认识到数据是组织的战略资产，了解了数据在自身流程优化和绩效提升等方面的重要作用，并在制定战略的时候可以获取有关数据支持。

2. 央行参与了国家和行业内的相关标准制定工作，组织内部会定期开展数据管理和应用相关的员工培训工作，会组织行业案例的评选和分析工作。

3. 中央银行作为国家货币当局，应用大数据及大数据技术可丰富数据来源、提升分析手段、拓展共享渠道，从而为央行履行其金融决策分析、防范化解金融风险、维护国家金融稳定的职责提供助力。作为中央银行，其在金融行业范围内经常组织各商业银行和有关的非银行金融机构开展大数据及大数据技术应用相关的业务研讨和案例分享活动，同时会主导或参与部分国家标准、行业标准的制定工作。

当前，中央银行的数据管理能力成熟度向第 5 级优化级发展。作为金融行业的主要监管者之一，其需要更多地培养相关专业技术人员，了解各类金融机构在其经营活动中采用的新技术和新方法，并经常组织交流活动，给予其指导和建议。

第五节

本章小结

近年来，中国国家层面对金融监管提出了更高要求，各金融监管机构纷纷利用大数据等信息技术进一步提升金融监管的有效性、及时性和穿透性。2013 年深圳证券交易所自主研发上线了大数据监察系统，全面支持证券交易实时监控、调查分析等核心监察功能，具有海量数据处理、高效实时预警监控、指标体系科学合理、趋势分析智能化等特点。

截至目前，全国多地已经建立或正在建立基于大数据的非法集资监测预警系统，如北京市打击非法集资监测预警平台、厦门市金融风险防控预警平台等。此类平台重点对交易大数据进行采集，结合网络舆情大数据、社会举报信息等，能够实现对非法集资早发现、早识别、早预警、早核实、早打击，有利于从源头上打击包装隐蔽、名目繁多、手段翻新的非法集资行为。大数据的特征使得其应用于金融监管时的精确性、完整性和时效性远远高于传统的监管手段，为金融监管和风险预警提供了全新的手段。

传统的数据分析受数据量较小和处理能力不足的限制，通常只抽取总体数据的一部分（数据样本）进行分析。由于数据样本容量与数据总体容量存在差异，必然造成样本的统计特性与总体的统计特性呈现一定的差异性，通过样本分析出来的结果未必符合总体的特征，准确度不高，一般需采用多次采样。在金融行业，上述方法变得不再现实，因金融行业对分析结果的准确度要求极高。相关研究表明，即使数据分析的错误率在 8% 以下，对于投资决策、监管分析而言，该错误率仍不可接受。大数据的一个典型特点是样本即总体，分析基础即为总体数据，这将大大提高数据分析结果的准确性，提高了依靠数据分析作为投资分析、监督管理的可靠性。

在传统的数据时代，数据往往只能刻画一个主体的某一部分。以监管为例，银行领域的监管部门只掌握被监管主体在银行体系中的活动数据，证券领域的监管部门只掌握其在证券体系中的活动数据。传统的金融监管受制于数据资源有限、信息不对称等因素，只能依据几个主要指标对金融行业进行监管，监管措施存在片面性。而大数据提供的高效分析手段及数据整合理念，使跨领域的数据共享常态化，再结合其他诸如互联网、移动互联网、物联网等产生的数据，使金融监管部门能够刻画出一个主体完整的金融行为活动图，进而能够准确地定位风险。

当前信息技术广泛应用于金融行业，金融市场的相关数据无论是产生还是变化都很迅速，对金融监管的时效性提出了很高的要求，必须在短时间内完成监测和预判，有些领域甚至要求实时动态监管。受制于监管成本高昂、监管技术有限等因素，传统的金融监管能够获得的数据存在一定的滞后性，导致传统金融监管难以及时开展监管活动。而借助于大数据，金融监管部门将实现监管渠道电子化，能够随时随地获取金融数据，及时监测金融行业的经营活动，实时快速地处理分析金融数据信息，大幅提高金融监管的时效性。

金融监管部门应用大数据来重塑金融监管方式，既需要监管部门的顶层设计，更需要金融机构、大数据科技公司等各方的积极参与，金融监管须重视大数据金融监管产业环境和人才培育，体现国家治理的法治精神，依托大数据和云计算技术，建立一个多方联网的大数据金融监管平台。

本章复习题

1. 请谈谈传统的金融监管与当前的大数据金融监管在目标、方式、成本和效果等方面存在哪些异同点。

2. 请从意义和流程两个方面，谈谈你是如何理解蚂蚁金服集团开展智能反洗钱监测平台建设工作的，其建设这一平台对自身和社会有什么作用。

3. 请简单介绍深交所统一风险监测平台包括哪几个组成部分以及它们是如何在实际的业务场景中发挥监管作用的。

4. 请举出几个中央银行应用大数据的业务场景，并说明在该业务场景之下央行使用的大数据技术是什么，具体发挥了哪些作用。

5. 请自行查找有关资料，找到几个其他的大数据金融监管相关的机构或组织，分析其是否有使用大数据技术，以及取得了哪些成效。

第十二章　大数据在其他金融机构的创新应用

【本章重要知识点】

1. 大数据不仅在传统的银行、保险和证券等领域得到运用，在网络贷款、互联网理财和大数据技术平台公司中也发挥着重要作用。网络借贷、互联网理财平台利用大数据技术开展用户信用评估和需求分析，实现了合理授信和精准化营销；大数据技术平台在掌握大数据技术的基础上将自身的技术能力推广至其他有需要的企业，实现了大数据资产价值的最大化和自身技术的变现化，成为一种新的企业发展模式。

2. PPmoney 网贷平台专注于小额借贷领域，基于大数据技术打造了自身的风险防控平台。其所构建的智能一体化信贷解决方案系统化且高效地服务于借贷双方，给网贷平台的良好发展提供了技术借鉴。

3. 宜信理财的指旺财富聚焦个人财富管理场景，运用大数据技术针对特定用户群体开发了个性化推荐系统、搭建金融云平台并开展金融知识图谱研究，在互联网金融理财方面取得显著成效。

4. 九次方大数据作为国内首家大数据资产运营商，在推动大数据技术广泛应用、促进数据资源共享平台建设和大数据相关标准制定等方面都扮演了重要角色。

第一节

大数据在新兴金融机构中的应用及发展趋势

大数据及大数据技术不仅在传统的银行业、证券业和保险业等行业中发挥了重大价值，也成为部分新兴金融机构的立身之本。本节主要研究大数据技术在P2P互联网理财和大数据专业化平台建设及发展中的作用。

P2P是英文peer to peer lending的缩写，意即个人对个人，又称点对点网络借款。P2P是一种将小额资金聚集起来借贷给有资金需求人群的一种民间小额借贷模式。P2P属于互联网金融产品的一种，是民间小额借贷，借助互联网、移动互联网技术建立网络信贷平台并提供相关理财行为和金融服务。2019年9月4日，互联网金融风险专项整治工作领导小组、网贷风险专项整治工作领导小组联合发布《关于加强P2P网贷领域征信体系建设的通知》，支持在营P2P网贷机构接入征信系统。在P2P征信和相关平台提供的理财服务中，大数据技术使得其运行更加安全和高效。

大数据专业化平台建设企业则是把开展收集和分析大数据的技术研究作为自身企业的主营业务，通过深耕大数据技术，建设高效、专业、系统且安全的数据存储和处理平台，协助有关各方更好地挖掘其所拥有的数据价值，提出“数据资产”概念，借助提供技术平台的输出而盈利的企业发展模式。对于此类大数据科技企业而言，大数据的存在和大数据技术的研发就是其生存发展的核心竞争力所在。

第二节

互联网信贷案例

一、PPmoney简介

PPmoney是一家专注于消费金融的网络借贷信息中介平台，于2012年12月正式上线，由PPmoney万惠集团（中国专业的普惠金融科技集团）旗下全资子公司运营。PPmoney平台通过云计算、移动支付、大数据和人工智能等技术，结合其在资产管理服务和风控经验，通过平台提供的信息中介服务，实现出借者和融资者的资金融通，满足双方的投融资需求。

自平台成立以来，PPmoney 发展迅速，目前注册出借者已超过 1 350 万，累计现金交易额超过 1 100 亿元。PPmoney 发展目标是建设更安全、更全面、更智能的科技金融平台，打造独具特色的互联网金融生态圈，为用户提供多元化、个性化的普惠金融服务。

二、PPmoney 网络信贷平台的大数据应用场景和实现途径

从 2018 年起，PPmoney 加大在金融科技领域的投入力度，通过大数据、云计算和人工智能技术，逐渐成为科技型金融企业。PPmoney 已研发智能信贷一体化解决方案，保护资产质量和资金安全，包括信贷产品设计、互联网营销、金钟罩反欺诈、灵机信用评分、贷中动态风险预警、贷后智能自动化催收和巡鹰全程实时监控等七大系统，如图 12－1、图 12－2 所示。同时，PPmoney 还为传统金融机构提供金融科技服务，帮助传统金融机构提升服务效率、扩大服务范围以及服务市场的下沉，构建金融服务新生态。

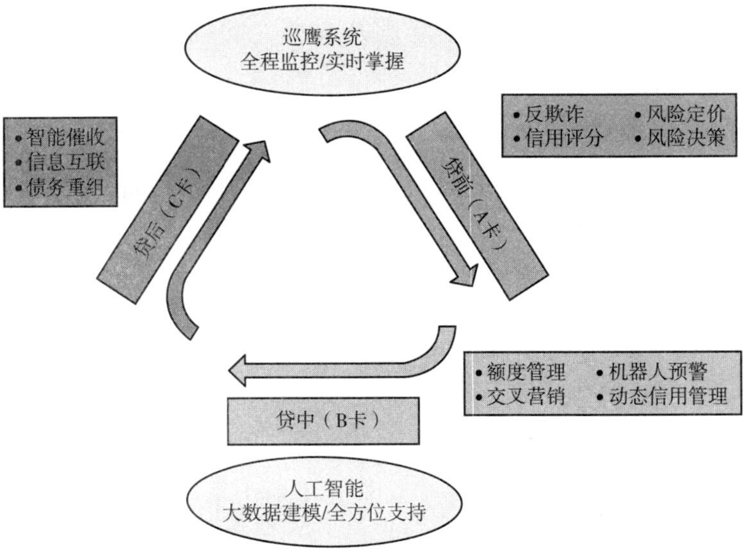

图 12－1　PPmoney 风控体系

PPmoney 借助金融科技与业务模式的深度融合，不断提升个人在线信贷服务能力，积累了海量的数据与个人客户群体。目前 PPmoney 正与多家地区性商业银行等金融机构合

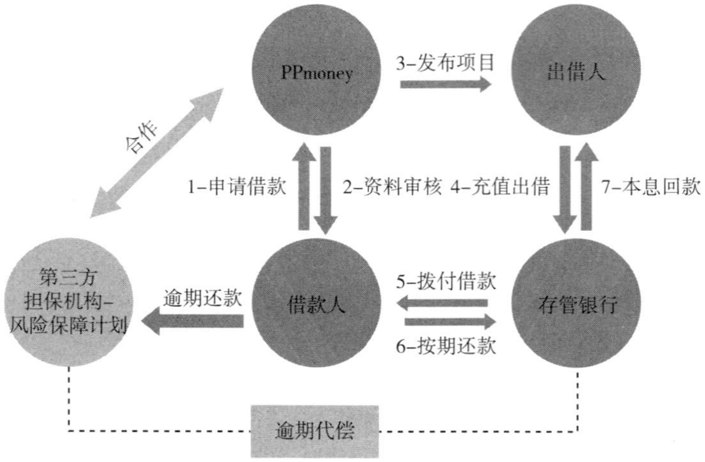

图 12-2 PPmoney 保障模式

作，将基于AI技术的神经网络系统应用至反欺诈及贷后环节，希望借此为传统金融机构赋能，提升金融服务效率，拓展商业边界。

PPmoney的数据能完成实时更新，借助于平台自主研发的智能风控系统——灵机2.0系统以及多方采集的用户身份特质、行为偏好、社交关系、信用历史、还款能力、个人消费数据等多个方面数据，并基于海量内外部数据交互验证，平台拥有了较为具体的用户画像，并依据动态化的数据表现，明确不同用户群体的风险特征，对用户进行评分并实现差异化授信，对风险评价和管理具有极大的价值。2020年2月20日，PPmoney官方发布公告称PPmoney平台已于近日完成中国人民银行征信中心数据对接，所有借款人相关的信用信息将定期全量报送央行征信系统。全面接入央行征信系统后，网贷行业经营数据将实现全部打通，借款人在各个平台的借款情况可实时更新。通过信用信息的共享和查询，网贷机构可以更加全面清晰地了解借款人的信用状况，从源头上把控风险，这有利于平台快速筛选出优质资产，促进资产质量提升。同时多维度的信用数据，能够帮助网贷平台打造更完善的风险管理体系，从而大幅降低运营风险，保证网贷平台的持续、健康、稳定发展。

三、PPmoney 实施效果

自2012年成立以来，依托金融科技不断创新的PPmoney网贷，业务路径更加清晰和聚焦，专注小额借贷领域，大数据风控成为PPmoney网贷破局行业同质化的不二法门。目前，人工智能技术在集团业务的运用已经覆盖产品的全生命周期，基于多年风险大数据与实战经验的长期积累，PPmoney 逐渐形成完备的一体化金融风控解决方案。

网贷平台作为信息中介平台，连接出借人与借款人两端，一方面，凭借起投点低、操作简易等特点，为出借用户提供更加低门槛、多样化的资产增值渠道，提升生活品质，缓解新中产阶级的焦虑感；另一方面，也为借款人解决资金周转问题，助力实体经济发展。

PPmoney 网贷服务的 1 420 多万出借用户多为一二线城市的精英人群，25—35 岁的用户群体占比近一半，PPmoney 网贷成为他们资产升值的重要平台；在借款端，平台服务的近 2 400 万借款用户中多为二三四线城市的大众消费人群、个体户、自雇人士等小微企业主等，累计借贷笔数超过 1 082 万笔，人均借款金额为 1. 5 万元。通过为他们提供在线的生产经营性借款和消费金融服务，PPmoney 网贷有效缓解了小微企业融资难、融资成本高的难题，促进消费升级。

PPmoney 以金融科技为驱动力，通过智能信贷一体化解决方案，从产品设计、市场营销、反欺诈、信贷管理等多方面提高风控效率，实现线上服务智能化，从而使用户体验得到巨大提升。

四、数据管理能力成熟度评估

根据 DCMM，PPmoney 万惠集团的金融数据管理能力成熟度处于稳健级，即是 DCMM 的第 3 级。根据 DCMM 稳健级的基本特征，其在 PPmoney 中的具体体现如下：

1. PPmoney 意识到数据的价值，具备数据管理人员且经常参与行业组织的数据管理相关培训。

2. PPmoney 始终专注于消费金融领域，通过组建专业化的大数据分析和应用团队，成功研发了智能信贷一体化解决方案，发挥了数据在信用评估和信贷管理中的重要价值。

3. PPmoney 建立了数据管理流程，能够通过数据推动组织内各个部门按照流程开展工作，通过数据支持提升工作效率。

当前，PPmoney 的数据管理能力向第 4 级量化管理级发展，需要进一步加强企业战略层面的数据管理工作，形成可执行且能够持续开展的数据管理流程设计，并着手构建数据管理工作效率分析和评价体系等。PPmoney 借助金融科技与业务模式的深度融合，在风控能力、产品研发和服务体系完善等方面已经取得了长足进步，未来将通过数据管理能力的进一步提升持续为不同用户提供更加高效便捷的智能金融产品与服务。

第三节

互联网理财案例

一、宜信理财简介

宜信公司创建于2006年，总部位于北京，是一家从事普惠金融和财富管理事业的金融科技企业，在支付、网贷、众筹、机器人投顾、智能保险、区块链等前沿领域积极布局，通过业务孵化和产业投资参与全球金融科技创新，服务中国高成长性人群、大众富裕阶层和高净值人士。宜信已在251个城市和93个农村地区建立全国协同服务网络，通过云技术、物联网和其他金融创新科技，为其客户提供全方位、个性化的普惠金融、财富管理和互联网金融服务。

指旺理财是由宜信大数据创新中心于2015年3月2日发布推出的线上综合理财平台，其依托于宜信既有的金融运作经验和大数据应用经验，指旺理财在移动端实现了基于用户特征的智能化推荐，为个人用户提供多样化的金融理财服务。

二、宜信理财中的大数据应用场景和实现途径

指旺财富是宜信理财在个人财富管理细分场景的创新应用，为新锐中产人群提供人生财富规划的定位。自2015年3月成立至今，指旺财富累积为超过800万用户提供服务，交易金额超过250亿元。指旺通过数据分析判断，捕捉到一类极有成长性的人群——新锐中产。25—35岁的年龄、拥有高学历的他们有着很鲜明的特点，“两快两少三追求”。“事业发展快、收入提升快”，使得他们的投资需求和可投资金不断增长，但普遍面临“投资经验少、投资方式少”的问题，以至于他们没能有效实现财富增值。于是，“追求理性投资、追求专业投资、追求风险投资”的意愿日益迫切，市场上也急需能够满足他们特别需求的专业服务。

指旺财富认为新锐中产人群有明确的人生目标，代表未来趋势的权益类和长期类投资是新锐中产需求的最优解。以“放大器模式”为指导核心，通过固定收益与严选基金的投资组合，智能人生规划功能，以及提升财商的辅助功能，指旺财富让新锐中产享受到传统

私人银行才能提供的高品质、定制化服务。

（一）个性化推荐系统

理财个性化不单单是因人而异的金融产品列表，它要求投资规划是适合投资人的，能高效利用投资人的闲置资金，追求效率与合理性的结合。指旺理财 APP 呈现给不同的用户，在不同时间启动 APP，看到的理财产品都是不同的。这些产品的差异体现在投资周期和收益率上，如果用户按照推荐的产品进行投资，他将会发现投资的到期日与自己想要使用这笔资金的日期非常接近，投资领域也是自己相对熟悉的，在同等条件下的收益率具有优势。

（二）金融云平台

宜信云服务为指旺理财的投资用户带来了经过大数据算法风控和人工风控双重过滤的优质投资债权，在回报率和还款率上都高于单一使用传统人工审核方式的债权；同时，在云端与合作银行之间建立了实时的监管机制，实现了投资平台自有资金与用户投资资金的完全隔离，使得投资平台不能操作用户资金，有效地保证资金不会被挪用；当投资用户需要提前使用投资资金，云服务可以在用户之间高效完成债权转让，实现资金回收，大大提高资金使用的灵活性，让资金不再闲置，更有效率。

被称之为“金融云”的宜信云服务，将金融需求预测及发现、风控、反欺诈等核心的金融逻辑抽象出来，作为业务内核。以金融知识图谱为决策框架，融合不同业务逻辑，形成了获客、支付、实时授信、个性化推荐、贷后管理等服务模块。

（三）金融知识图谱

金融知识图谱是宜信近年金融服务经验的精华，是宜信大数据团队用计算机科学对金融知识体系的提炼。它关注的不只是金融产品是什么，还关注投资用户和借款用户的状态及变化情况，通过对大量用户的投资行为和节奏的分析，理解用户与金融产品、用户与用户、用户与经济形势之间的关系，描述互联网金融的变化规律。

用户通过指旺理财投资，不需要具备专业的金融知识，金融云会根据用户的理财需求，帮助用户制定合理的理财计划，开发新的理财产品，这一切都发生在背后的“金融云”里。指旺理财平台后端主要依赖大数据智能引擎系统，根据投资业务数据、用户行为数据以及人物画像属性数据，把智能化应用于资产安全、运营效率和用户偏好。首先，宜信大数据智能引擎把来自多方面的数据引入资产风控系统，保障底层资产的安全、防范系统性风险；其次，通过用户行为数据分析动态优化用户体验，提高产品推荐的个性化程度；最终通过平台自有数据和外部数据为用户画像，仅为其展示符合其偏好特征的产品列表，从而减少普通用户购买产品时的决策阻力。

基于大数据优势，宜信独立研发的数据产品为宜信诸多金融业务提供着数据分析与共享服务包括授权抓取数据、提供征信报告和人法失信等数据、对第三方服务商和公开网络数据进行提取以及为个信贷行业提供共享数据。

三、宜信理财实施效果

目前，宜信大数据风控技术已经总结了超过800个有效验证的欺诈特征和3 000多个风险决策规则，能做到24×7实时授信，提升了业务效率，实现了线上线下全渠道，覆盖255个城市，20个省及直辖市的农村地区。同时也能够和金融机构共同防御风险，开始和超过700家机构共享金融风险数据，与40家征信数据服务商建立了紧密合作。同时，大数据风控也积极接入AI，技术成果丰硕。以其中“大数据风控搜索引擎”为例，能以毫秒级从海量数据源中检索出和用户风险相关的数据，实现智能风险识别以进行信用审核。

宜信理财发挥在大数据和人工智能领域沉淀的技术优势，自主研发了“AI + FOF”（人工智能 + 母基金）系统，这是一个超级数据整理、存储、结构化分析、实时追踪的人工智能平台，是一个数据全网抓取、存储、结构化分析、实时追踪的超级金融大脑，可以将母基金管理人的主动管理能力与大数据、人工智能技术进行双向交互，以极大地提升母基金管理人的投资能力和管理能力。

作为行业领先的数字主要代表，宜信理财所提供的服务和解决方案更加有效。数字技术覆盖到宜信财富管理的方方面面——从其人工智能投资流程到产品咨询。2020年3月31日，享誉亚太私人银行与财富管理市场的《亚洲私人银行家》（Asian Private Banker）隆重公布第二届“中国财富奖”评奖结果，授予宜信理财“中国最佳第三方财富管理机构（Best Independent Wealth Manager in China）”“中国最佳财富管理科技平台（Best Digital Wealth Management Platform in China）”以及“中国最佳财富管理机构——超高资产净值客户服务（Best Wealth Manager in China – Ultra – High Net Worth Services）”“中国最佳财富管理机构——另类投资组合咨询（Best Wealth Manager in China – Alternative Investment Advisory）”和“中国最佳财富管理机构——资产配置服务（Best Wealth Manager in China – Asset Allocation Services）”共计5项大奖。

四、数据管理能力成熟度评估

根据DCMM，宜信理财的金融数据管理能力成熟度处于量化管理级，即是DCMM的第 4 级。根据 DCMM 量化管理级的基本特征，其在宜信理财的具体体现如下：

1. 宜信理财意识到了数据是组织的战略资产，了解了数据在流程优化、绩效提升等方面的重要作用。

2. 宜信指旺理财作为由宜信大数据创新中心于 2015 年 3 月 2 日发布推出的线上综合理财平台，为个人用户提供多样化的金融理财服务，其通过借助自身 10 年的金融运作经验和大数据创新研发成果，借助指旺理财在移动端实现了基于用户特征的智能化推荐，发挥了数据资产的绩效提升作用。

3. 宜信理财在内部定期开展数据应用相关的培训工作，在数据管理和应用过程中成为行业中的优秀案例，促进了组织自身和行业在数据管理和应用上的提升。

4. 宜信长期耕耘于金融科技行业，具有极为强大的科技能力及技术团队。

5. 作为金融科技领域的领导者，宜信在行业里已经积累了 10 余年的经验与资源，获得过诸多行业奖项，为同类企业提供了经营范例。

当前，宜信理财的数据管理能力向第 5 级优化级发展，需要注重以下方面的数据能力建设：宜信理财需要进一步将自身拥有的大数据金融资源和数据分析技术优势打造成为企业的核心竞争力，争取成为行业内的领先者；宜信理财要适时开展数据管理工作分享交流会，争取提升自身在相关领域的话语权，把握参与行业和国家相关标准建设的机会，积极主动分享经验，带动其他企业共同发展。

第四节

大数据交易中心

一、九次方大数据简介

九次方大数据信息集团有限公司创建于 2010 年，是中国最领先的大数据资产运营商，是中国第一家提出数据资产运营的公司，同时也是贵阳大数据交易所的创始者。九次方大数据是国内唯一一家设计研发 4 000 多个政府大数据应用场景的公司。

九次方大数据是工信部《大数据产业“十三五”发展规划》起草单位之一，同时参与了全国信标委的《信息技术大数据术语》《信息技术数据交易服务平台交易数据描述》《信息技术数据交易服务平台通用功能要求》《信息技术数据溯源描述模型》《信息技术科学数据引用》5项国家标准的制定工作。

二、九次方大数据公司中的大数据应用场景和实现途径

九次方大数据拥有顶尖的大数据挖掘、数据清洗、数据建模、数据标准顶层设计、数据可视化技术方面的大数据全产业链人才。九次方大数据目前整合的大数据覆盖了30多个大品类，其中包括：企业大数据、政府大数据、医疗大数据、金融大数据、能源大数据、教育大数据、交通大数据、通信大数据等。

九次方大数据在40多个行业领域打造大数据平台，拥有成功案例近500个，占据业内领先优势，是覆盖领域广、产品数量领先的专业大数据平台业务公司。

神算子：致力于将神算子平台打造为一款行业内最优秀的、面向企业级用户的大数据分析建模平台。将数据挖掘与机器学习实际应用在业务分析决策上，实现所见即所得，大大降低使用者门槛。用户借助神算子平台的可视化工作流、专业数据处理与建模工具、集成部署解决方案，通过可视化建模操作，无须编写任何代码，便可完成大数据的建模训练、模型发布与模型应用。

社会信用大数据：致力于为政府提供信息化咨询、建设、运营等方面的专业服务。核心定位是为政府部门提供电子政务类的信息化建设、运营和服务，主要业务方向包括社会信用体系建设、政务信息资源共享以及其他的电子政务类政务应用。其研发的公共信用信息大数据平台汇集各部门、各地方提供的信用信息共享目录和信用信息，实现跨部门、跨地区、跨层级的信息交换和共享。

舆情监测大数据：利用独有的分布式网络采集技术，对互联网上舆情相关数据源进行完整采集，同时根据用户预定的监控关键词对全网数据进行补充获取。发现涉及用户的舆情信息，及时通过手机客户端、电子邮件、私信等方式进行预警服务，为政府或企业提供决策辅助。

大数据PaaS：包括可视化团队、融合共享平台团队、舆情平台团队、政府数据标准团队、应用平台后端研发团队、应用平台前端研发团队、GIS研发团队的部分核心成员，覆盖了大数据处理全链条，除了数据建模以外的所有基础技术，从而形成了非常完整的大数据基础技术和服务平台的核心竞争力。PaaS平台是软件整体解决方案的核心层，能够提供一体化的整体支撑能力，可封装为服务的云计算软件平台。

BDG Store：建立以区块链为技术基础的大数据交易平台，提供大数据确权、大数据定价、大数据创客、大数据创业、大数据金融、大数据流通等服务能力。通过整合大数据的供需双方、大数据的加工方、金融等第三方服务资源，形成大数据交易的完整价值链条，

成为大数据交易生态的建设者、组织者、运营者，建设基于数据的价值互联网生态。作为全球首款大数据产业链生态平台，BDG Store 已汇聚全球近千家大数据公司，上百种大数据工具，几百个大数据模型算法。

大数据金融：以金融科技、金融服务、金融运营三大方向进行业务拓展、业务服务以及业务合作，同时发挥自身优势，在区域优势、渠道优势上发力；赋能相关合作伙伴、构建大数据金融生态。团队拥有多名经验丰富的资深专业人员，负责市场开发、数据分析、行业研究、技术开发等工作，已成功开发了数十款产品。其中，非法集资监测预警平台面向各级金融办（局）的金融监管职能量身定制，精准筛查判别非法集资企业。

数据源：以深化社会信用体系建设为出发点，以政府数据资源开放共享为基础，通过穿透式数据资源交叉、关联，全方位呈现市场主体的信用数据，建立社会信用数据库和信用数据查询网络，以期实现信用信息的公开、透明、共享，破除信息交流的障碍，让人们能够便捷地掌握交往对象的信用信息，更好防范信用风险。数据源查询中心构建了以基础库、风险库两个大型数据库为主，以舆情库、宏观经济库、行业库等多个特色库为支撑的数据库系统，为用户提供优质的、定制化的数据服务。

旅游大数据：专注于旅游大数据平台的研究、开发、建设、应用及旅游大数据资产运营，曾负责和主导《国家智慧旅游公共服务平台课题及方案设计》《国家旅游电子商务标准规范课题》《北京智慧旅游实践路径课题》等多个省级以上课题研究工作。业务从传统旅游服务到大数据全域旅游服务的全部范畴，拥有 20 余个具备自主知识产权的旅游大数据平台软件著作权。其中，旅游大数据精准营销平台有效协助旅游景区和旅游企业建立旅游精准营销闭环体系，实现用“数据说话”的全程旅游营销精准管理。

农业农村大数据：以“大数据引领乡村振兴战略”为使命，通过汇聚“三农”数据资源，利用“数据 + 技术 + 应用”三大核心圈，打磨“114”农业大数据产品体系，打造基于大数据的全链条产业互联网生态和大数据资产运营服务。农产品单品种大数据平台针对目前政府部门对单品种市场监管服务和发展优势产业的业务需求，以及单品种生产经营主体与农户的数据信息需求，建立单品种数据监测采集体系，实现农产品单品种质量安全可追溯、全产业链环节可实时监测预警，促进政府监管服务方式的创新。

社会治理大数据：致力于提供社会治理大数据服务。主要业务方向是智慧城市、政务大数据信息资源中心、政务大数据融合共享及政务类综合应用（社会治理、公共服务、物联网、政法大数据等）的高端咨询、软件产品研发、数据分析、项目实施、数据运维、数据运营服务等。物联通——物联网大数据平台集中采集并管理政府部门或全社会的物联网数据，实现物联网感知监测数据的统一接入、转发、管理、共享、分析、应用等功能，实现了对城市基础部件和基础事件的动态实时监控和有效管理。

三、九次方大数据实施效果

通过深入研发大数据技术，九次方大数据已经与贵州、广东、云南、福建、内蒙古、新疆、青海、黑龙江、广西、湖北、上海、重庆、南昌、苏州、南通、济宁、青岛、丽江、潍坊等80多个地区政府合资成立政府大数据应用、政府数据资产运营及管理公司，激活并释放了各个地方政府的数据价值。同时在北京、南京、深圳等地区设立了6个研发基地。

九次方大数据利用本地化服务网络及核心能力，帮助每一座城市激活政府数据，通过数据清洗、脱敏脱密、数据治理、建模算法，将“地下水”状态的数据变成“自来水”，再通过应用场景，让“自来水”变成“可乐”，产生更大的经济价值。九次方大数据以“城市数据资产运营商，全球数据生态构建者”的战略定位，携手各级地方政府，激活政府有关数据价值，发挥数据财政作用，破解地方政府财政收入困局，推动国家大数据战略和数字经济建设实施落地。

四、数据管理能力成熟度评估

根据DCMM，九次方大数据的数据管理能力成熟度处于优化级，即是DCMM的第5级。作为国内仅有的大数据和大数据技术专业化平台，其处于DCMM优化级的主要特征如下：

1. 九次方大数据将数据作为自身的核心竞争力，通过技术和服务输出，帮助更多行业的企业利用数据创造出更多价值并提升改善其组织运行效率。

2. 九次方大数据能够参与甚至主导国家和行业有关标准的制定工作，并将自身数据管理能力建设的经验作为行业最佳案例开展广泛推广工作。

具体来看，九次方是中国第一家提出数据资产运营的公司，同时也是贵阳大数据交易所的创始者。公司以“贡献中国数据智慧，释放全球数据价值”为使命，不断构建完整的大数据生态链，将数据和大数据技术的价值创造功能延伸至各个行业。

此外，作为贵阳大数据交易所的创始者，九次方大数据不仅是工信部《大数据产业“十三五”发展规划》起草单位之一，同时参与了全国信标委的《信息技术大数据术语》《信息技术数据交易服务平台交易数据描述》《信息技术数据交易服务平台通用功能要求》《信息技术数据溯源描述模型》和《信息技术科学数据引用》5项国家标准的制定工作。其与企事业单位合作开发利用大数据的行业案例，很多已成为行业内的典型案例并起到推广作用。

九次方的数据管理能力已经处于DCMM模型的最高等级，未来需要持续保持当前状态，同时加大力度开展相关的大数据技术研发和推广工作，从技术层面实现大数据利用上的底层关键突破，并从应用范围和广度上实现大数据资产价值的普遍实现。

第五节

本章小结

本章主要讨论了大数据及大数据技术在新兴金融机构及大数据企业中的应用，其中大数据企业以九次方大数据公司为例做了介绍。大数据和大数据技术的产生是时代和科技发展的必然结果，大数据技术运用在金融领域则催生了一系列的金融机构改革发展，新的金融产品和金融业务模式层出不穷；大数据运用到其他领域则相应产生其他的产业变化和产业发展。

九次方大数据公司作为一家专门的大数据技术研发和平台企业，充分把握了大数据技术这一机遇，广泛开展合作，在不同领域与其他公司开展合作，通过大数据技术的输出奠定了自身的大数据产业地位，也为其他拥有大数据技术的企业提供了一条新的发展路径。

大数据在P2P网贷和理财平台中的应用主要体现在征信这方面。网贷平台可以根据借款者的个人情况、社交平台信息、网购情况等多维信息来评价借款者的信用状况，从而估算其不能按时还款的概率，最终根据此信息来确定是否发放贷款。如在2014年，宜人贷推出了极速贷款产品，它可以在很短时间内分析借款者的信用状况以此来确定贷款额度，其流程主要如下：平台在得到借款者的授权后，系统自行根据与借款者相关的一些数据（比如公安部的数据、信用卡流水信息等数据），将这些数据分解挖掘有用信息，以此确定是否发放贷款及贷款额度。

大数据技术在金融行业的应用，既是行业进步和发展的良好机遇，也不可避免地带来了各种问题。未来，大数据及大数据技术如何引领各行业改革进步，又如何解决数据安全等问题，将是大数据产业所需要面对的困难之一。相信在不远的将来，将会有更多的大数据企业研发出更加高效安全的大数据技术，也将有更多行业领域与大数据相结合，取得更好的创新和长远发展。

本章复习题

1. 谈谈你对大数据技术在新兴金融机构中得到应用的理解，试举例说明有哪些新兴金融机构以及它们是如何利用大数据技术来改善自身经营的。

2. 以 PPmoney 为代表的网络借贷平台需要针对用户进行大数据信用评估，请谈谈你是如何理解网贷平台信用评估必要性的，以及网贷平台可以使用哪些数据种类开展信用评估工作，这些数据分别如何取得，有哪些异同点。

3. 宜信理财旗下的指旺财富关注于特定用户的理财推荐服务，请说明你是如何看待个性化推荐系统、金融云平台和金融知识图谱三者之间关系的，这三者在其服务中分别发挥着怎样的作用。

4. 九次方大数据公司作为国内第一家大数据资产运营商，其发展模式比较独特，请简述其业务范围和业务形式，并谈谈你的看法。

5. 请自行找出几个其他的新兴金融机构，并说明它们是如何应用大数据技术的，要求明确说出其主要运用在哪些方面。

参考文献

[1] 道格拉斯·哈伯德. 数据化决策 [M]. 邓洪涛. 广州：中国出版集团世界图书出版公司，2013.

[2] 陈新河. 赢在大数据：金融/电信/媒体/医疗/旅游/数据市场行业大数据应用典型案例 [M]. 北京：电子工业出版社，2017.

[3] 芭芭拉·明托. 金字塔原理：思考、表达和解决问题的逻辑 [M]. 王德忠，张珣. 北京：民主与建设出版社，2002.

[4] 维克托·迈尔·舍恩伯格，肯尼思·库克耶. 大数据时代 [M]. 周涛. 杭州：浙江人民出版社，2012.

[5] 刘晓星. 大数据金融 [M]. 北京：清华大学出版社，2018.

[6] 贲圣林，张瑞东. 互联网金融理论与实务 [M]. 北京：清华大学出版社，2017.

[7] 何平平，车云月. 大数据金融与征信 [M]. 北京：清华大学出版社，2017.

[8] 数据管理能力成熟度评估模型 [S]. GB/T36073-2018.

[9] Pete Chapman, et al. CRISP-DM1.0 [EB/OL]. http://www.crisp-dm.org.

[10] 中国信息通信研究院. 中国金融科技生态白皮书（2019 年）[R/OL]. https://www.caict.ac.cn/kxyj/qwfb/bps/201907/P020190710343477298824.pdf.

[11] 中国支付清算协会金融大数据应用研究组. 大数据在金融领域的典型应用研究 [R/OL]. http://wenku.baidu.com/view/8e5a13de846a561252d380eb6294dd88d0d23de4.html.

[12] 李真，清华大学金融科技研究院. 综合性金融科技平台模式研究——以拉卡拉为案例 [EB/OL]. https://www.pbcsf.tsinghua.edu.cn/portal/article/index/id/4176.html.

[13] 信和研究院. 供应链金融及商业模式案例研究报告 [R/OL]. http://wenku.baidu.com/view/f0955aef66ec102de2bd960590c69ec3d4bbdbf2.html.

[14] 刘诗雨. 大数据金融模式研究 [D]. 湖南大学，2018.

[15] 何大安. 金融大数据与大数据金融 [J]. 学术月刊，2019，51（12）：33-41.

[16] 张兰廷. 大数据的社会价值与战略选择 [D]. 中共中央党校，2014.

[17] 余莉. 金融大数据智能发展现状与未来趋势 [J]. 财经界, 2020 (10): 47.

[18] 卢小松. 论大数据金融的发展趋势 [J]. 经济研究导刊, 2018 (18): 76+80.

[19] 韦雨声. 大数据在金融行业的应用和发展 [J]. 现代经济信息, 2017 (24): 320.

[20] 秦志华, 林莹, 吴畏, 王冬冬. 软信息对于网络信贷的影响机理研究——基于中国农业银行数据网贷的探索性案例分析 [J]. 管理评论, 2018, 30 (11): 275-288.

[21] 温跃. 农行创新利用 "数据网贷" 服务济南小微企业 [N]. 财会信报, 2019-07-08 (D03).

[22] 万芊. 大数据发展, 驱动工商银行新未来 [J]. 现代商业银行, 2020 (01): 48-51.

[23] 庞淑娟. 大数据在银行信用风险管理中的应用 [J]. 征信, 2015, 33 (03): 12-15.

[24] 舒奎. 大数据在金融风险管理中的应用研究 [J]. 时代金融, 2020 (06): 72-74.

[25] 姜增明, 陈剑锋, 张超. 金融科技赋能商业银行风险管理转型 [J]. 当代经济管理, 2019, 41 (01): 85-90.

[26] 罗毅. 数字化技术在工商银行业务运营领域实践 [J]. 中国金融电脑, 2019 (12): 10-13.

[27] 潘玉蓉. 中国平安: 从全牌照红利转型科技创新红利 [J]. 商讯, 2018 (19): 10-12.

[28] 姜明宇, 周晓红. 大数据背景下商业银行普惠金融信贷产品创新研究 [J]. 新金融, 2019 (03): 41-43.

[29] 谢香玲. 邮储银行: 践行普惠金融的先行者 [J]. 中国信用卡, 2018 (07): 22-24.

[30] 钱俊伟, 何丹妮. 商业银行基于大数据下的精准营销 [J]. 现代商业, 2018 (05): 134-135.

[31] 王伟丞. 浅析大数据在证券公司业务中的应用 [J]. 时代金融, 2018 (24): 128+132.

[32] 杨龙. 广发证券 "贝塔牛" 智能投顾技术解构 [J]. 金融电子化, 2016 (09): 26-28.

[33] 以客户为中心 "数字太保" 率先迈入数字化时代 [J]. 中国金融电脑, 2017 (10): 77-78.

[34] 艾佳宁，孟克．商业银行智能投顾模式探索——以摩羯智投为例 [J]．华北金融，2018 (04): 67 - 71.

[35] 周雷，邱勋，王艳梅，刘婧．新时代保险科技赋能保险业高质量发展研究 [J]．西南金融，2020 (02): 57 - 67.

[36] 王媛媛．保险科技如何重塑保险业发展 [J]．金融经济学研究，2019，34 (06): 29 - 41.

[37] 庞小凤，马涛．中国互联网信托发展及其业务思考 [J]．现代经济探讨，2016 (07): 52 - 55.

[38] 杨叶平．互联网技术在信托公司的应用研究 [J]．金融科技时代，2017 (04): 32 - 35.

[39] 姜孝亮，阮奕舟．阿里小贷资产证券化评级分析及启示 [J]．经济研究导刊，2020 (01): 63 - 65.

[40] 赵克非．大数据下的个人征信体系研究 [D]．浙江大学，2017.

[41] 李明选．互联网金融产业及其对传统金融冲击影响的研究 [D]．上海社会科学院，2015.

[42] 孙杰．大数据在信用风险管控方面的应用研究 [D]．北京邮电大学，2018.

[43] 余杰．大数据时代的电商供应链金融服务创新研究 [D]．广东财经大学，2016.

[44] 李荣．电商供应链网络融资研究——基于阿里金融与京东金融的对比分析 [J]．农村金融研究，2018 (01): 30 - 34.

[45] 程慧凤．基于以电商平台为核心的互联网金融研究 [J]．科技经济导刊，2020，28 (02): 177 - 178.

[46] 杜军，韩子惠，焦媛媛．互联网金融服务的盈利模式演化及实现路径研究——以京东供应链金融为例 [J]．管理评论，2019，31 (08): 277 - 294.

[47] 刘大成．大数据支持物流业供应链金融发展 [N]．现代物流报，2019 - 06 - 24 (A06).

[48] 程华，杨云志，王朝阳．互联网产业链金融业务模式和风险管理研究——基于京东模式的案例分析 [J]．金融监管研究，2016 (04): 85 - 98.

[49] 刘旭彤．京东供应链金融运作模式研究 [D]．湖南大学，2016.

[50] 方秀丽，吴灼亮．大数据环境下基于 B2C 电子商务平台的供应链金融服务创新研究 [J]．重庆科技学院学报 (社会科学版)，2016 (07): 41 - 44 + 47.

[51] 徐思媛，陆德宇，罗捷，陆晓芬，王旭．基于大数据下的供应链金融风险研究

[J]. 时代金融, 2019 (23): 36 -38.

[52] 中国人民银行海口中心支行课题组, 金武. 基于大数据的金融监管研究 [J]. 海南金融, 2019 (03): 71 -75 +87.

[53] Viren Shah. 基于大数据的金融科技监管模式及案例研究 [D]. 浙江大学, 2019.

[54] 高国华. 解构芝麻信用: 互联网 + 大数据模式下的征信 [N]. 金融时报, 2015 -08 -17 (008).

[55] 新华网. 深交所基本建成智能化统一风险监测平台 [EB/OL]. https: //m. xinhuanet. com/gd/2019 -08/01/c_1124827168. html.

[56] 陆岷峰. 金融科技在供应链金融风险管理中的运用研究 [J]. 湖北经济学院学报, 2020, 18 (01): 67 -73.

[57] 兰虹, 熊雪朋, 胡颖洁. 大数据背景下互联网金融发展问题及创新监管研究 [J]. 西南金融, 2019 (03): 80 -89.

[58] 李根, 王平. 运用监管科技 (RegTech) 革新金融大数据应用的监管 [A]. 中国政法大学互联网金融法律研究院. 新时代大数据法治峰会——大数据、新增长点、新动能、新秩序论文集 [C]. 中国政法大学互联网金融法律研究院: 中国政法大学互联网金融法律研究院, 2017: 13.

[59] 赵雯. 中国互联网征信法律制度研究 [D]. 四川省社会科学院, 2016.

[60] 陈仲毅. 互联网金融风险监管研究 [D]. 云南财经大学, 2015.

[61] 屈秀伟. 基于大数据的互联网金融创新模式应用研究 [D]. 黑龙江大学, 2015.

[62] 李明选. 互联网金融产业及其对传统金融冲击影响的研究 [D]. 上海社会科学院, 2015.

[63] 杨宇焰. 金融监管科技的实践探索、未来展望与政策建议 [J]. 西南金融, 2017 (11): 22 -29.

[64] 邵捷. 以大数据为支撑, 构建基层央行决策服务平台 [J]. 金融科技时代, 2017 (07): 37 -41.

[65] 许一帆. 大数据在央行监管中的应用探讨 [J]. 金融科技时代, 2015 (02): 82 -83.

[66] 宋媚. 面向央行征信大数据分析的全流程协作范式研究 [J]. 征信, 2015, 33 (08): 33 -35.

[67] 韦雨, 覃安柳, 杨朝祖, 骆伦良. 大数据时代: 构建央行金融业综合统计初探

[J]. 区域金融研究, 2014 (10): 61-64.

[68] 唐宏飞. “大数据”时代人民银行经济预测和金融统计研究 [J]. 上海金融, 2016 (02): 85-89.

[69] 梁伟, 钱丽娜, 董枳君, 赵正. PPmoney徐辉: 以风控驱动企业价值持续增长 [J]. 商学院, 2018 (10): 71.

[70] PPmoney万惠成长历程 [J]. 珠江水运, 2016 (18): 26-27.

[71] 彭薇. 宜信财富理财产品营销管理研究 [D]. 西南交通大学, 2016.

[72] 段明珠. 九次方: 激活政府数据 [J]. 中国企业家, 2015 (23): 19.

[73] 张晨. 王叁寿: 站在大数据产业之巅 [J]. 决策, 2015 (11): 68-70.

[74] 刘辰. 九次方: 抓住大数据的3.0时代 [J]. 创业邦, 2014 (10): 26-27.